A. E. Wilder-Smith

Gott: Sein oder Nichtsein?

Eine kritische Stellungnahme zu Monods naturwissenschaftlichem Materialismus

Hänssler-Verlag
Neuhausen-Stuttgart

ISBN 3 7751 0127—6

TELOS-Paperback
Wissenschaftliche Reihe Nr. 4003

Übersetzung des englischen Manuskripts von Monika Grote
Umschlaggestaltung: Daniel Dolmetsch
Herstellung:
St.-Johannis-Druckerei C. Schweickhardt
763 Lahr-Dinglingen
Printed in Germany 13022/1973

Inhalt

Gott: Sein oder Nichtsein?

„Die weitaus meisten Naturwissenschaftler glauben heute (wenn sie sich überhaupt die Mühe machen, darüber nachzudenken), daß es sich bei der Religion um eine archaische Belanglosigkeit handelt. Dieses Gebiet liegt einfach jenseits ernsthafter Erwägungen. Ohne sich über die Ansichten Teilhard de Chardins oder irgendeines anderen Denkers beunruhigt zu fühlen, schauen sie mit amüsierter Verachtung auf den gesamten Konflikt zwischen Naturwissenschaft und Theologie."

Man, Science and God, von John Norton Collins. S. 256, rezensiert von Bernard Dixon, The New Scientist, 30. März 1972, S. 705.

Der Grund für diese „amüsierte Verachtung" liegt in der Vorstellung, daß die „echte Naturwissenschaft" das Gottespostulat schon lange (faktisch seit der Zeit, als Darwin die naturwissenschaftliche Grundlage für den Darwinismus schuf) als naturwissenschaftlich unhaltbar und für den Intellektuellen völlig überflüssig erklärt hat.

Man weiß nicht viel davon, daß der wissenschaftliche Fortschritt der letzten zwanzig Jahre die gesamte materialistisch-darwinistische Basis des naturwissenschaftlichen Materialismus, die vor ungefähr einhundertundzwanzig Jahren errichtet wurde, *vollständig beseitigt* hat. Die jüngsten Fortschritte in Informationstheorie und Genetik sind noch nicht genügend in die naturwissenschaftlich-materialistische Philosophie eingedrungen, als daß sie die vernichtende Niederlage hätten offenbaren können, welche der naturwissenschaftliche Materialismus durch den wissenschaftlichen Fortschritt erlitten hat. Die Naturwissenschaftler müssen erst noch die Art der Niederlage erforschen, welche sie ihrem eigenen materialistischen Denken und Leben zugefügt haben.

Prolog

Die Mehrzahl der im Westen lebenden Angehörigen unserer Generation „genießt“ den vielleicht höchsten materiellen Lebensstandard, der je in der Weltgeschichte von einer Kultur als Ganzes erreicht wurde. Während wir eifrig damit beschäftigt sind, diesen hohen Standard materiellen Lebens auszukosten, produziert unsere Technik äußerst raffinierte Vernichtungswaffen, deren barbarischen Charakter die meisten von uns nicht kennen. Massenwohlstand bringt Massenbarbarei hervor. Ein Blick auf Bombardierungen und Entlaubung in Vietnam, ganz zu schweigen von Luftpiraterie, Ermordung olympischer Athleten und der Zwangseinweisung führender Wissenschaftler in psychiatrische Kliniken, einfach aus dem Grunde, weil ihre Ansichten dem modernen Diktator nicht passen, wird unsere Ansicht bestätigen.

Unsere Kultur kann das menschliche Gehirn mit Leichtigkeit so ausbilden, daß es alle Güter produziert, die wir für unseren fabelhaften Lebensstandard benötigen. Sie kann das menschliche Gehirn auch so ausbilden, daß es Wasserstoffbomben und Napalm entwickelt, ferner die Fähigkeit, wie man ein Flugzeug entführt und eine ganze Bevölkerung erpreßt und gegen Lösegeld gefangenhält. Die große Frage lautet, ob sie einen Menschen auch dazu ausbilden kann, seinen Bruder in Überfluß oder Armut zu lieben — selbst wenn er ein Lügner, ein Totschläger oder ein „stinkfauler“ Nichtskönner ist.

Jedermann weiß, daß Technologie und Zivilisation unser moralisches Wissen weit überflügelt haben. Die Frage lautet: Warum? Wenn wir eine Antwort wüßten, könnten wir vielleicht eine Möglichkeit finden, dem Überflügelungsprozeß Einhalt zu gebieten. Falls wir diese Möglichkeit nicht herausfinden, erscheint es fraglich, ob die Kultur, welche unsere Technologie hervorgebracht hat, sie auch wird überleben können.

Die auf 3 Bände vorgesehene Reihe stellt einen Versuch dar, die Frage zu klären, warum unsere Kultur ihre moralische Kraft verloren hat, und sie möchte ferner einen Weg zur Wiedergewinnung unseres Gleichgewichts zeigen.

Vor ungefähr 130 Jahren begann unsere naturwissenschaftliche Philosophie zu lehren, daß weder hinter dem Leben noch hinter der Schöpfung ein Plan verborgen sei, und daß es keinen Urgrund aller Dinge gebe. Die nun verbreitete Ansicht besagte, daß alles, das Leben und der Mensch eingeschlossen, besser als Resultat des Zufalls zu interpretieren sei – eines schlechten Zufalls obendrein. Dieser Zufall, so glaubte man, habe sich langsam ereignet, sehr langsam, über Millionen von Jahren hin. Angeblich hatte dieser langsame Zufallsprozeß überhaupt nichts mit Vorstellungen wie der Liebe und Fürsorge von seiten eines Schöpfers zu tun. Darwin und Huxley waren als die führenden Protagonisten der Ansicht, daß es weder einen Plan noch eine Konzeption oder einen Sinn hinter dem Leben gebe. Das Leben war nicht das Ergebnis der Liebe, Voraussicht, Fürsorge, Schöpfung oder des Mitgefühls eines Gottes, der diese Eigenschaften besitzt. Es war das Ergebnis nackten Zufalls und sonst nichts. Wie Monod sagt: Die Zahl des Lebens erschien eben auf der universalen Monte-Carlo-Maschine.

Auf diese Weise entfernten die Ansichten, welche der naturwissenschaftliche Materialismus zu verbreiten begann, Vorstellungen wie die von Liebe, Schöpfung oder Mitgefühl als Triebfedern, die hinter dem Leben stehen, und ersetzten sie durch Kälte, Gefühllosigkeit, Blindheit, Zufall. Können wir uns – offen gestanden – dann wundern, daß diese Auffassung, seit sie (nach ungefähr einhundert Jahren) nun bei der Bevölkerung unseres Kulturkreises allgemein Fuß gefaßt hat, die Kälte und Gefühllosigkeit erzeugte, welche die gegenwärtige revolutionäre Stimmung überall in einer Welt charakterisiert, die durch Materialismus, Marxismus und Atheismus geprägt wurde? Wir haben Mitgefühl, Schöpferkraft und Liebe als Grundlage unserer Vorstellungen von der Triebfeder des Lebens entfernt. Weshalb sind wir dann überrascht, wenn wir ernten, was wir in unserer eigenen Kultur gesät haben? Erbarmungslosigkeit ist eine Frucht des naturwissenschaftlichen Materialismus und seines charakteristischen Atheismus, der für viele unserer heutigen Übel verantwortlich ist, ganz zu schweigen von purer Destruktivität. Den *gleichen Geist* gab es natürlich in den Tagen eines Herodes oder eines Nero, wenngleich er auch nicht – wie es heute der Fall ist – mit *naturwissenschaftlichem Verständnis* verknüpft war.

Die von Darwin und anderen vertretenen Ansichten standen im Gegensatz zu den meisten religiösen Überzeugungen. Die meisten denkenden Menschen jener Zeit hielten die Vorstellung eines Schöpfers (Logos) für ein Axiom ihres Denkens. Mit den Jahren jedoch begannen sich sogar erklärte christliche Denker mit der Idee zu befreunden, daß Gott den Zufall („Alogos") als sein Schöpfungsmittel benutzt haben könnte. Dies geschah im Gegensatz zu der Tatsache, daß der Zufall („Alogos") der Antipode des Denkens (Logos) und seiner Prozesse ist, denn Denken (Logos) neutralisiert gewöhnlich das Werk des Zufalls. Denken ist selektiv. Der Zufall ist es nicht. Der Christ sollte sich lieber auf den Logos und nicht auf den Alogos als Schöpfer festlegen.

Die naturwissenschaftlich-materialistische Auffassung vom Leben und seiner Herkunft, die sich in einem so entwickelten Land wie Westdeutschland ausbreitet, hat zu dem Ergebnis geführt, daß heute ungefähr ein Drittel der Erwachsenen dieses Landes offen ihre feste Überzeugung von der Nichtexistenz Gottes erklären. Der Materialismus ist erfolgreich.

Nach der naturwissenschaftlich-materialistischen Lehre gibt es also weder einen guten noch einen schlechten Plan (Logos) hinter dem Leben oder seinen Anfängen. Es gibt eben überhaupt keinen Plan, er sei gut oder schlecht. Es gibt faktisch keinen planenden Gott. Es gibt keinen guten Logos und auch keinen bösen Diabolos, mit dem man rechnen müßte. Es gibt lediglich den planlosen Zufall, die Materie und lange Zeiträume. *Alles* Religiöse stellt Wunschdenken dar, welches aus unserer naturwissenschaftlichen Zeit ausgerottet werden sollte. Monod vertritt diese Ansicht, und er ist sicherlich repräsentativ für das naturwissenschaftliche Establishment.

Wenn es keinen Logos gibt, keinen Plan, er sei gut oder schlecht, wenn nur (wie Monod behauptet) der Zufall herrscht, dann gründen sich die Erde und das auf ihr befindliche Leben nicht auf die Liebe und Voraussicht eines Schöpfers, dessen Liebe plant. Weder Liebe noch Mitgefühl planten uns dann zu Beginn. Wie sollten wir diese Eigenschaften denn entwickeln, wenn sie nicht von vornherein Anteil an unserer Existenz hatten? So entfernen die materialistischen Lebensanschauungen nicht nur die Idee der Liebe und Voraussicht von unserem Ursprung, sondern sie neigen dazu, diese Eigenschaften auch aus unserem Dasein hier und jetzt zu entfernen, wenn wir Wunschdenken vermeiden. Warum sind wir dann erstaunt über die Entdeckung, daß unsere materialistisch-wissenschaftliche Kultur massenweise nackte Barbarei fabriziert? Wenn wir die Ideen von Liebe, Erbarmen, Voraussicht und Fürsorge vom Grunde unserer menschlichen Existenz verbannen, muß man sich da wundern, wenn wir sie nicht in den Früchten unseres kulturellen und technologischen Lebens finden? Das heißt, müssen wir uns wundern, wenn Kultur und Technik barbarisch werden?

Wir sehen, daß viele Lebensbereiche heute von einem Materialismus der Art regiert werden, wie wir ihn beschrieben haben. B. F. Skinners Behaviorismus macht uns zu reinen Reflexbündeln. Die Vorstellung von etwas, das wir die menschliche Seele nennen, dem Sitz unseres Menschseins, wurde durch Skinners Lehre zerstört, nach der Liebe und Erbarmen lediglich bedingte Reflexe sind, Verhaltensäußerungen, welche auf die Umwelt einwirken, um Konsequenzen hervorzurufen (operatives Verhalten). Es wird abgewandelt durch negatives oder positives „Reinforcement". Skinner beherrscht sicherlich das Gebiet des Behaviorismus. Er ist von Grund auf materialistisch.

Auch andere Gebiete der Humanmedizin besitzen den gleichen materialistischen Anstrich. Als Beispiel betrachte man die großen Anstrengungen der Regierungen, den Drogenmißbrauch unter Kontrolle zu bekommen. Sie geben dabei wörtlich Billionen von Dollars für zwei grundlegend materialistische Kontrollmethoden aus, welche beide fehlschlagen werden. Als erstes gibt es die einfache Methode, die Drogeneinfuhr zu stoppen. Die Idee ist ganz simpel. Wenn es keine Drogen gibt, können die Menschen sie nicht mißbrauchen. Die Lektion, welche uns die Prohibition erteilte, vergißt man dabei völlig. Die Geldgier des Menschen lieferte den Alkohol genauso, wie sie auch die Droge oder den Drogenersatz liefern wird.

Als zweites gibt es die in dem Satz „Kuriere die eine Pille durch eine andere" zum Ausdruck kommende Methode. Sie bildet die Grundlage für das viele Millionen kostende Methadonprogramm der Vereinigten Staaten. Methadon ist eine dem Heroin in vielen Eigenschaften ähnliche Droge. Viele Süchtige ziehen es faktisch dem Heroin vor. Nach der Injektion führt es zu einem langsamen, aber dauerhaften „high". Manche Regierungen mit grundlegend materialistischer Grundeinstellung glauben nun, daß man das Heroin durch eine andere Droge, Methadon, blockieren kann, ohne Gefahr zu laufen, eine neue Sucht hervorzurufen. Für diese Überzeugung besteht jedoch nicht der geringste Anlaß. Man gibt sich nur wenig Mühe, den Grund dafür herauszufinden, *warum* Menschen zu den Drogen greifen. Es wird übersehen, daß ein weitverbreiteter Grund für den Drogenkonsum darin besteht, daß das Leben materialistisch und deshalb sinnlos geworden ist. Der Drogenkonsument flieht deshalb gegenüber seiner Sinnlosigkeit in die Betäubung durch Narkotika wie Opiate oder Heroin. Oder er sucht nach „Sinn" durch die Drogenerfahrung des Transzendenten, indem er sich psychedelischer Drogen wie L.S.D., Meskalin oder Haschisch bedient.

Wir sollten jedoch nicht vergessen, daß die materialistische Philosophie und Naturwissenschaft direkt oder indirekt für einen großen Teil der Frustration verantwortlich sind, welche durch die von ihnen gelehrte Sinnlosigkeit verursacht wird. Die Frustration der Sinnlosigkeit läßt das Leben so schrecklich sinnlos erscheinen, daß viele intelligente, im Materialismus erzogene Menschen (besonders der intelligente, sensible Typ des Studenten, der hiervon betroffen ist) zu der Überzeugung gelangen, daß der einzige Ausweg vor dem Schrecken darin besteht, seine Zuflucht bei Betäubung (Vergessen) zu suchen, welche vom Alkohol, von Opiaten und Barbituraten erwartet wird oder bei psychedelischen Drogen, die eine andere Art von „Realität" (Sinn) in ihre Köpfe einflößen und so die Schrecknisse der materialistischen Lebensauffassung verdrängen, die ein Autor wie Albert Camus so treffend beschrieben hat. Wir wollen es klar sehen: Materialistische Philosophie und Wissenschaft sind intellektuell so ekelhaft, daß sie hinter dieser Flucht in Drogen beider

Art stehen: den betäubenden und den psychedelischen. Dadurch, daß sie Liebe und Sinn vom Grunde unseres Seins fortnahmen und durch *Nichtigkeit* ersetzten, haben sie die Menschheit entmenschlicht.

Auf dem Gebiet der Politik finden wir eine ähnliche Situation. In den unterentwickelten Ländern ist die Bevölkerung oft verzweifelt arm an materiellen Gütern (ganz zu schweigen von ihrem geistigen Wohlbefinden und ihrer geistigen Haltung zum Leben und seiner Bedeutung). Menschen, die das Leben dieser Leute kennen, lernen oft verstehen, warum sie arm sind und der materiellen Hilfe bedürfen. Ihre materielle Armut ist häufig (nicht immer) durch ihre geistige Versklavung bedingt, die sie nicht auf die Idee kommen läßt, für ihr eigenes Wohlergehen zu arbeiten.

Die materialistischen Politiker haben jedoch flugs eine Antwort zur Hand. Man kleide und nähre solche unglücklichen Menschen, und alles wird gut sein. Ein Blick auf die Geschehnisse in der Türkei sollte uns zur Realität zurückgeführt haben. Auf die türkische Jugend hat sich von allen Seiten ein Regen von Millionen Dollars für materielle Güter ergossen mit dem Ergebnis, daß ihr jetziger Zustand sicherlich nicht besser ist als ihr früherer. Ich habe selbst beobachtet, wie Hunderte von ihnen einen ganzen Nachmittag lang auf dem Dache eines Studentenwohnheimes der Universität standen und Handgranaten und selbstgebastelte Bomben auf die Polizei warfen. Darauf sprengten und zerstörten sie die oberen Stockwerke eines nagelneuen Wohnhauses (Geschenk der USA), um die Polizei am Vordringen zu hindern. Einem Studenten wurde die Hand abgerissen, als er auf dem Universitätsgelände eine Granate warf. Mehrere Autos (welche Angehörigen westlicher Nationen gehörten) wurden vor meinem Büro und denen anderer Professoren mit ihrem eigenen Benzin in Brand gesteckt.

Es ist eine Tatsache, daß jene Studenten gelernt haben, ihre naiven, wenn auch wohlhabenden materialistischen Förderer zu hassen. Und ihr Haß ist ein perfekter Haß! Wenn man hört, wie sie ihre Wohltäter (durch den Lautsprecher — ein in Deutschland hergestelltes Geschenk) mit Prügeln bedrohen, so stellt das ein Erlebnis dar, welches alle Politiker, die die heute praktizierte Form der Entwicklungshilfe befürworten, sich unter keinen Umständen entgehen lassen sollten. Der nüchterne Sachverhalt besteht einfach darin, daß diese „Studenten“ nicht nur Hilfe in materieller Hinsicht, sondern auch solche in geistiger Hinsicht brauchen. Der Materialismus, den wir aus dem Westen gebracht haben (auch Marx stammte aus dem Westen), hat sie mit seinen furchterregenden Konsequenzen frustiert. Unser eigener Materialismus ließ uns vergessen, daß es noch andere Faktoren als bloße Waren und Erziehung gibt, denen man Rechnung tragen muß, bevor überhaupt irgendwelche materielle Hilfe gewährt wird. Diese anderen Faktoren haben wir in unserer praktischen Politik unterschätzt, und dies hatte schreckliche Folgen.

Die Materie ist eine Realität. Mit ihr muß man rechnen – in der Medizin, in der Naturwissenschaft und in der Politik. Aber sie erklärt nicht die *ganze* Realität. Wenn wir glauben, sie leiste dies doch — wie wir es täglich tun —, so führt dies geradeswegs zu der Anarchie und der Drogensucht, deren Zeugen wir alle um uns herum sind. Es gibt noch andere Realitäten außer der Materie. So existieren z. B. noch die begrifflichen Realitäten Liebe, Vorsorge, Mitleid und Logos, die bei einer materialistischen Einstellung total unterschätzt werden. Als Ergebnis dieser Unterschätzung ist es zu einer Überflügelung unserer moralischen Kraft durch unsere technologische Stärke gekommen. Das marxistisch-materialistische Gedankengut mit seinem völligen Mangel an Mitgefühl trägt über unsere älteren Ideen den Sieg davon. In der Folge wird aus unserem technologischen Paradies mit rapider Geschwindigkeit eine technologische Hölle.

Eine Trilogie

Mit dem Ziel, die grundsätzliche Falschheit und Unzulänglichkeit des gesamten Materialismus, sei es in der Wissenschaft, im Drogenmißbrauch oder in der Politik (hier besonders in der Entwicklungshilfe) aufzudecken, wurden drei Essays geschrieben. Der erste (über die Entwicklungshilfe) trägt den Titel „Modern Turkey – Paradise and Hell“. Der zweite beschäftigt sich mit dem in der Naturphilosophie herrschenden Materialismus. Seine Überschrift lautet: „God: To be or not to be."

Der dritte Essay behandelt den Materialismus vom Standpunkt des Drogenmißbrauchs und lautet: „The Causes and Cure of the Drug Epidemic."

Man scheint sich nicht allgemein klarzumachen, wie tief die Wurzeln des Materialismus in unserer gesamten westlichen Welt reichen, ganz zu schweigen vom Leben in der östlichen Welt. An dieser Stelle soll die Hoffnung zum Ausdruck gebracht werden, daß die Trilogie dazu beitragen möge, auf den von uns behandelten Gebieten einige Lösungsmöglichkeiten aufzuzeigen.

Zusammenfassung

Schließlich können wir die gesamte Lage, in die uns der sogenannte naturwissenschaftliche Materialismus gestürzt hat, mit den Worten von Professor Walter Heitler, Professor für theoretische Physik an der Universität Zürich, Schweiz, zusammenfassen:[1]

„Die Folgen (einer mechanistischen Naturwissenschaft und Technik) sind: völlige Verachtung des Lebens, Ersatz der Natur durch Beton und Maschinen, Zerstörung des Menschen selbst zugunsten einer rationellen, seelenlosen, automatischen Maschine. Ethische Fragen können nicht mehr zur Diskussion stehen; in der Folge wird es zu einer Überhandnahme der Verbrechen kommen, die wir bereits zu spüren beginnen. So sieht der gerade Weg zur Hölle aus, und das Ende ist die Zerstörung, wenn wir nicht rechtzeitig unsere Richtung ändern."

„Und dennoch scheinen mir Höhepunkt und Blüte des Materialismus bereits vorbei zu sein. Die Zahl der gegen ihn aufbegehrenden Stimmen wächst sehr schnell an."

„Man kann leicht beweisen, daß Materialismus und Positivismus falsch sind und zu Irrtümern führen . . . die Nerven, welche die Millionen und Milliarden von Gehirnzellen (Neuronen) miteinander verbinden, sind alle wichtig und erfüllen einen einsichtigen (teleonomischen) Zweck. Wenn die Materialisten glauben, daß solche Strukturen zufällig entstanden sind, so bedeutet dies einfach Wunschdenken, welches mit ernster Wissenschaft nichts gemein hat. Die materielle Grundstruktur der lebenden Organismen, ob es sich nun dabei um Amöben, Pflanzen oder Schimpansen handelt, kann man nur durch den Satz charakterisieren: ‚In ihnen allen regiert Weisheit.' Weisheit entsteht nicht spontan aufgrund des Zufalls. Sie kann nur das Werk eines höheren Geistes sein ... Die Natur ist erfüllt von Transzendenz, d. h. von nichtmateriellen Inhalten."

„Eine Naturwissenschaft, welche offen ist, muß zu dem Schluß gelangen, daß neuartige Dinge in der Welt entstanden sind, d. h. Dinge, welche sich nicht von früheren Dingen ableiteten. *Deshalb müssen wir von Schöpfung sprechen.* Der Forscher muß sich schließlich von der Stupidität des Materialismus und Positivismus befreien. Dazu sind heute alle Voraussetzungen gegeben. Alles hängt nur von seiner Einsicht und Willensstärke ab."
Wir wollen uns die Revolutionen einmal vorstellen, zu denen es in unserer gegenwärtigen Weltordnung kommen müßte, wenn wir uns wirklich von der „Stupidität des Materialismus" befreien würden: 1.) *Die „wissenschaftliche" Grundlage für den Marxismus-Kommunismus und seine traurige Herrschaft über mehr als die Hälfte der Weltbevölkerung würde weggefegt.* 2.) *Der Fluch einer materialistisch eingestellten Entwicklungshilfe in der Dritten Welt würde beseitigt, die Inflation größtenteils gestoppt, und sinnvolle Hilfe in Form materieller und geistiger Güter würde mit all ihren Konsequenzen an ihre Stelle treten.* 3.) *Und schließlich würden Millionen von Steuergeldern, die in der Hoffnung, das Suchtproblem dadurch zu lösen, daß man eine Droge durch eine neue austreibt, in erfolglose Programme zur Lösung des Suchtproblems gesteckt werden, gespart und anderen nützlichen Zwecken zugeführt. Das Drogenproblem ist nämlich letzten Endes das Ergebnis der Übersättigung ganzer Kulturen mit Luxusgütern (man wäre glücklicher ohne viele von ihnen), während sie an transzendenten „Gütern" und Werten, von denen Professor Heitler spricht, verarmen.*

1 Ex libris, Zürich, Dezember 1972, S. 9—16

Kapitel I

Ältere und neuere Ansichten über Ursprung und Sinn des Lebens

Bis vor etwa einhundert Jahren glaubte die Mehrzahl der denkenden (und der kritiklosen) Menschen, daß Leben, Materie und Mensch Phänomene seien, welche ihren Ursprung einem Akt oder Akten von Willensäußerung, gedanklicher Planung und Schöpfung verdanken. Man hielt sie für das Ergebnis dessen, was manche heute „Willensprojekte" nennen würden. Das heißt, sie entstanden zuerst in der Theorie oder in den Gedanken eines Geistes und wurden später in materieller Form realisiert. Die Planung, welche jedermann um sich herum beobachtete, wurde einer intelligenten Willensäußerung, einem intelligenten Wollen hinter der Natur zugeschrieben. Nach der älteren Auffassung verdanken Materie und biologische Welt ihren Ursprung und ihren Aufbau sicherlich nicht dem Zufall und Willkürprozessen. Man glaubte im Gegenteil, daß Zufall und Willkür immer dort die Oberhand gewännen, wo Geist und Wille ihre Aktivität einstellten, wohingegen Geist, gedankliche Konzeption und Willensakt Planvolles aus Ungeplantem schufen.

Die Materie im allgemeinen und das Leben im besonderen hielt man für die offenkundigen Beweise eines absichtsvollen, zielbewußten Planens, das zuerst als Denken oder Logik existierte und dann in schöpferischen Akten realisiert wurde. Für die Mehrheit der vor mehr als einhundert Jahren lebenden Menschen (von einigen bemerkenswerten Ausnahmen natürlich abgesehen) zeigten Materie und Leben also durch ihr offenbares Geplantsein, daß ein intelligenter Schöpfer in einer Reihe bewußter schöpferischer Akte Willkür und Zufallsereignisse eine Zeitlang aufgehoben hatte. Das Ergebnis waren Ordnung und Plan in der Materie, in der ohne das Eingreifen intelligenter Willensäußerung nur Chaos und Unordnung geherrscht hätten. Dies bedeutet, daß der Urgrund der Planung nicht Zufall war. Der Urgrund „überließ" in der Tat „nichts dem Zufall", denn *Denken oder Konzipieren bildet die Antithese des Zufalls.*

So stellte sich also vor über einhundert Jahren die allgemeine Lage dar. Man sah Denken als den letzten Urgrund des Planes, nicht den Zufall. Vor einhundert Jahren nun änderte sich die gesamte Auffassung der zu Materie und Leben führenden Ereignisse von Grund auf. Der Mann, der hinter der Revolution stand, war Charles Darwin, obwohl er Gedanken aus den Werken seiner Vorgänger übernahm. Seit den Tagen Darwins ist die Vorstellung einer willensmäßigen, gedanklich geplanten Schöpfung aus den meisten wissenschaftlichen Kreisen praktisch vollständig verschwunden. Dieses Verschwinden ist besonders deutlich in den biologischen Disziplinen, in denen Darwin arbeitete. Man kann wohl mit Recht behaupten, daß dies für die Physik nicht in dem gleichen Umfang zutrifft.

Die Vorstellung eines willensmäßig-schöpferischen Urgrundes aller Dinge als solche würde heute in beinahe allen Wissensschaftszweigen kaum für geeignet angesehen werden, den passenden Stoff für eine wissenschaftliche Abhandlung in einer renommierten, wissenschaftlichen Zeitschrift abzugeben. Um für die Veröffentlichung in einer solchen Zeitschrift gewürdigt zu werden, müßte man das gesamte Phänomen der Lebensentstehung — und auch der Entstehung der Materie — als Folgen des Zufalls (oder wie es seit kurzem in einigen exklusiven biologischen Kreisen heißt, der „biologischen Prädestination"), verbunden mit langen Zeiträumen und natürlicher Auslese (für die Biologie) behandeln.

Man müßte die Ideen eines Willensaktes und einer gedanklichen Konzeption, die hinter der Erschaffung des Lebens stehen, völlig ausschließen, falls eine diesbezügliche Abhandlung darauf abzielte, über den Referentenkreis des Herausgebers hinauszugelangen. Zufall, natürliche Auslese und lange Zeitspannen werden vom heutigen Establishment als völlig ausreichende Erklärungen für den Ursprung der scheinbaren Planung und biologischen Ordnung angesehen, die wir um uns herum wahrnehmen und deren Teil wir selbst sind. Angesichts dieser Sachlage würde man jedwede Einführung des Postulats einer willensmäßig teleonomischen Kraft, d. h. eines Wollens, eines Geistes oder eines planenden Entwerfers hinter diesen beobachteten Ordnungen und Mustern, für in naiver Weise überflüssig, wenn nicht für passé halten, eben für einen Gegenstand belustigender Verachtung.

Wie wir später noch sehen werden, hat man in gewissen kleineren Biologenkreisen den Versuch unternommen, das Zufallspostulat durch das Postulat einer „biochemischen Prädestination" zu ersetzen. Dies bedeutet ganz einfach, daß die Vertreter dieser Auffassung den Zufall für eine inadäquate Erklärung der Triebkraft ansehen, die hinter der Ordnung des Lebens steht. Die biochemische Prädestination postuliert, daß diese Lebensordnung in der gesamten unbelebten Materie von Anfang an endogen vorhanden gewesen sein muß. „Tote" Materie bedeutet in Wirklichkeit „schlafendes Leben", denn angeblich enthält sie den Samen des Lebens. Das Leben ist danach lediglich eine unvermeidliche, unpersönliche, nicht gedanklich geplante Manifestierung der der Materie innewohnenden Ordnungseigenschaften des Lebens, theoretisch lediglich und in völlig ungeplanter Weise die Ausarbeitung der Summe der Eigenschaften, welche der unbelebten Materie anhaften.

Wenn die Annahme, wissenschaftlich gesprochen, also korrekt ist, daß wir alles Biologische und Nichtbiologische um uns herum ohne die Konzeption eines willensmäßigen Urgrunds aller Dinge erklären können, warum sollte man dann einen solchen Urgrund – oder Schöpfer – überhaupt voraussetzen? Nach dem Prinzip von „Occam's Razor" müssen wir die Korrektheit der einfachsten adäquaten Erklärung jedes Phänomens annehmen.

Zufall und Notwendigkeit

Jacques Monod, der zusammen mit André Lwoff und François Jacob vom Pasteur-Institut in Paris im Jahre 1965 den Nobelpreis für Physiologie und Medizin erhielt, ist sicherlich hochqualifiziert, um seine Meinung zu den Ereignissen der Molekularbiologie und ihrem Einfluß auf Vorstellungen über den Lebensanfang zu äußern. In seinem Buch „Le Hazard et la Necessité"[1] (Zufall und Notwendigkeit) legt Monod in höchst dogmatischer Form die molekularbiologischen Gründe für seine

Ansicht dar, daß Leben und Lebewesen das Ergebnis nichtwillensmäßiger Zufälle sind, welche sich in der Tat seiner Meinung nach niemals ereignet haben sollten.

Wenn nun alles Leben und alle Lebewesen das direkte und alleinige Ergebnis nichtgeplanter Willkür- und Zufallsprozesse sind, die durch die natürliche Selektion ausgelesen wurden — letztere ist selbstverständlich *planlos* in ihrer Art —, dann muß natürlich alles im Leben und in der Welt der Lebewesen – Ursprung, Erhaltung und Bestimmung – vollständig frei sein von ursprünglicher, gedanklicher Planung und deshalb auch frei von Sinn. Vereinfacht kann man Monods Auffassung dahingehend charakterisieren, daß alle Lebensformen und Lebewesen im letzten Grunde so sinnlos und ohne Bedeutung und Planung wie ihre zufallsbedingte Herkunft sind, welche ebenfalls frei von Bedeutung und gedanklichem Entwurf war.

Es nimmt deshalb nicht wunder, daß Monod am Ende seines Buches zu genau dieser Schlußfolgerung gelangt, die Entstehung des Lebens war ganz und gar eine Sache von Willkür und Zufall. *Deshalb* muß es auch heute ohne jeglichen Sinn sein. Da die Entstehung des Belebten sinnleer war, muß sich auch sein *gegenwärtiger Verlauf* konsequenterweise dem gleichen Bilde der Sinnlosigkeit anpassen. Auch *sein Ende* wird in ähnlicher Weise jeglicher *Planung* und *Bedeutung* entbehren. Der Schluß, den Monod gegen Ende seines Buches zieht, lautet – mit den Worten Salomos —, daß in der Tat alles eitel ist.

Natürlich ist Monod nicht der erste, welcher unter den Denkern zu dieser Schlußfolgerung gekommen ist. Auch Darwin gelangte vor Jahren an diesen Punkt. Tausende von Biologielehrern und Studenten sind die gleiche philosophische Straße gewandert. Man argumentiert vollkommen logisch, wenn man sich fest an Darwins und deshalb auch an Monods Prämissen hält. Es ist nichts neu an „Le Hazard et la Necessité“, und seine Schlußfolgerungen sind vollkommen korrekt, wenn man nur die eine Prämisse akzeptiert, daß nämlich der Ursprung des Lebens und der Lebewesen auf einer Konzeption der Sinnlosigkeit, das heißt auf einer Vorstellung des totalen Fehlens einer gedanklichen Teleonomie, das heißt auf einem Prinzip des Zufalls, beruhe. Dementsprechend glaubt Monod, daß er das ganze Leben allein im Licht der sinnlosen Grundlage interpretieren kann und muß, auf der es seiner Meinung nach begann und auf der es, wie er glaubt, auch heute weiterexistiert. Es wird mit der gleichen Konzeption der Sinnlosigkeit und Absurdität enden.

Zufall und Denken

Wir wollen für einen Augenblick über einige weitere Konsequenzen einer Interpretation des Lebens nachdenken, die seinen Ursprung als zufallsbedingt ansieht. Zufall bedeutet einen von jeder speziellen Ordnung freien Gleichgewichtszustand. In einem Zufallssystem kann man alles durch die Anwendung der Statistik von Zufallsgleichgewichten erklären. Die einzige Möglichkeit, diesen Zustand der Dinge zu ändern, besteht darin, von außerhalb Ordnung oder Muster in das Zufallssystem hineinzubringen. Man kann dies so bewerkstelligen, daß man Ordnung einführt, welche das Ergebnis von Planung oder Denken ist und auf Kosten von Energie erzeugt wird.

Nach dem zweiten Hauptsatz der Wärmelehre wird jede so hergestellte Ordnung sofort zur Willkür zurückkehren, sobald die durch Planung oder Denken vollzogene Beschränkung aufgehoben ist. *Dies bedeutet faktisch, daß Denken oder Planung das große Gegengift gegen den Zufall darstellen. Denken und Zufall sind Antipoden in der Natur. Das Denken zerstört den Zufall, und dieser regiert dort, wo Denken oder Planung aufgehört haben zu bestehen. Was Monod und Darwin deshalb vertreten, ist die Ansicht, daß der Zufall die Folgen des Denkens, nämlich Ordnung, Planung und Codierung, wie wir sie alle um uns herum wahrnehmen, auf spontane Weise erzeugte und noch immer erzeugt.*

Wenn das biologische Leben und letzten Endes deshalb auch Denken und Ordnung spontan aus Willkür und Zufall erwuchsen, dann trifft es offensichtlich zu, daß – im letzten Grunde – die Sinnlosigkeit Planung – und deshalb Sinnvolles – hervorgebracht hat, und zwar aus keinem erkennbaren Grunde, das heißt: akausal. Angeblich also entstand das Leben durch Ordnung, die sich spontan aus Nicht-Ordnung bildete. Das stellt natürlich eine direkte Leugnung des zweiten Hauptsatzes der Thermodynamik dar, wie wir es zum gegenwärtigen Zeitpunkt verstehen, denn Willkür ist niemals *kreativ.* Die mit Denken, Ordnung und Planproduktion verbundenen energetischen Beziehungen werden in der darwinistischen Auffassung letzten Endes geleugnet.

In seinen Schlußfolgerungen ist Monod ein überzeugter Anhänger von Camus. Das Leben begann in Sinnlosigkeit, das heißt, sein Anfang war ein absurder Zufall. Wenn dies der Fall ist, muß auch seine Fortführung absurd sein. Um denselben Gedanken weiter zu verfolgen, auch das Ende des Lebens wird sinnlos sein. Monod äußert sich dahingehend, wenn er sagt, daß das Leben eines Tages verschwinden werde, ohne eine Spur auf der Erde zu hinterlassen. Das ganze Lebensphänomen entstand zufällig, dauert zufällig an und wird auch zufällig wieder verschwinden, ohne daß ihm irgendeine Bedeutung oder gedankliche Konzeption beigegeben worden wäre.

Die Zufallsbasis des Lebens und faktisch des gesamten Universums wird heute von den Wissenschaftlern, welche mit Monod einer Meinung sind, als *absolut* bewiesen angesehen. Deshalb muß auch die Nichtigkeit jeder Religion ein absolutes und erwiesenes Faktum sein. *Man betrachtet die Zufallsgrundlage, auf der die darwinistische Interpretation der Lebensentstehung beruht, heute als ein intellektuelles Axiom. Es muß deshalb ebenfalls axiomatisch sein, daß jegliche Religion, das heißt jeder Glaube an einen supramaterialistischen Zweck der Entstehung oder Erschaffung des Lebens, heute als intellektuell unhaltbar vom Angesicht der Erde verschwinden sollte und tatsächlich verschwinden muß.* Falls die Intellektuellen nur redlich und logisch wären und in ihrem Denken die objektiven Methoden des Darwinismus und der Molekularbiologie anwendeten, dann würden sie — nach Monods Meinung — *alle* zu materialistischen Atheisten werden. Genau dies verlangt – so Monod – die intellektuelle Redlichkeit.

Man benötigt nach Monods Auffassung nur einen Faktor, um aus klugen Intellektuellen und Wissenschaftlern völlige Atheisten zu machen, die an die totale Sinnlosigkeit des Lebens, seines Ursprungs und seines Endes glauben. Dieser einzige Faktor besteht einfach in vollkommener Objektivität gegenüber den „unbestreitbaren" Entdeckungen der modernen Biologie. Da die Grundlage dieser modernen Biologie fest im Zufallskonzept verankert liegt (Willkür, keine gedankliche Planung und Sinnlosigkeit), ist es axiomatisch, daß als Frucht dieser Zufallskonzeption der Zufall an erster Stelle steht und nicht sein Antipode, die Vernunft oder gedankliche Konzeption.

Logos (= gedankliches Konzept) hat dementsprechend mit dem Telos-Konzept (= Teleonomie) in dieser Welt nichts zu tun, welches Monod ausführlich diskutiert. Telos wird spontan aus dem Chaos heraus erzeugt, so lautet die These, die wir annehmen müssen, falls wir, in Monods Augen, in unserem Denken der modernen Molekularbiologie gegenüber objektiv werden. Totaler Atheismus und ein gleichzeitiger Glaube an eine völlige Sinnlosigkeit des Lebens folgen dieser absoluten Objektivität so sicher wie die Nacht dem Tage folgt, falls wir die Denkweise akzeptieren, die Monod und seine Freunde von uns verlangen. Sie vertreten in der Tat die Ansicht, daß wir unwissend oder intellektuell unredlich sind, wenn wir ihr Angebot ablehnen.

Die obigen Ausführungen lassen eine Folgerung aus Monods Argumentationskette sehr deutlich hervortreten. Sie besagt, daß Menschen, die an Gott glauben, entweder nicht klug oder in ihrem Denken in hoffnungsloser (und unehrlicher) Weise subjektiv sind. Diese Folgerung bringt eine Tendenz zum Ausdruck, die heute in vielen wissenschaftlichen Kreisen leicht erkennbar ist, von vielen Christen oder anderen religiös eingestellten Menschen aber nicht recht verstanden wird. Viele Wissenschaftler halten es — oft in herablassender Weise — für selbstverständlich, daß ein Mensch, der an Gott glaubt, in seinem Denken hoffnungslos subjektiv, um nicht zu sagen uninformiert sein muß. Er entspricht eben nicht den Anforderungen. Er ist zurückgeblieben in seinem aktuellen Faktenwissen über die jüngsten Erkenntnisse der Wissenschaft. Er liest nicht genug über den wissenschaftlichen Fortschritt. Wenn er nämlich wirklich informiert, intellektuell redlich und in seiner Denkweise nicht subjektiv wäre, dann würde er – angeblich – automatisch aufhören, an das Göttliche und Übernatürliche zu glauben. Die Monods von heute erklären uns dies vollkommen frei heraus und entschuldigen sich dabei nicht.

Angesichts dieser Sachlage in den höchsten und einflußreichsten wissenschaftlichen Kreisen des Establishments (die Nobelpreisträger bestimmen gewöhnlich die philosophische und auch die wissenschaftliche Richtung innerhalb dieser Kreise), ist es offensichtlich von höchster Wichtigkeit, Monods Ansichten einer gründlichen Prüfung zu unterziehen. Sie repräsentieren nämlich die Ansichten der überwältigenden Mehrzahl der tonangebenden wissenschaftlichen Elite von heute. Wenn die Monods recht haben, dann sollten die Christen und andere Gläubige ehrlich sein, alle religiösen Vereine auflösen und, wie die Kommunisten — und die Monods —, gegen jegliche religiöse Überzeugung ankämpfen. Der Priester und der Pfarrer, der Imam und der Muezzin sollten ihrer religiösen Ämter enthoben und nützlicher Arbeit zugeführt werden. Man sollte ihnen nicht gestatten, weiter in einer religiösen Scheinwelt auf Kosten der Gesellschaft zu leben. Man sollte sie an ihrer Tätigkeit, „Opium" (= Religion) ans Volk auszuteilen, hindern.

In „Le Hazard et la Necessité" bringt Monod seine Argumente so überzeugend vor, daß das Buch in der französisch sprechenden Welt beinahe über Nacht zu einem Bestseller wurde. In jüngster Zeit wurde das Buch auch ins Englische und Deutsche übersetzt und übt in beiden Sprachen seinen enormen, gegen die Christen gerichteten Einfluß aus. Wenn auch Monods Argumente für den Laien stellenweise recht obskur und schwer verständlich sind, so hat sich doch die Öffentlichkeit in Frankreich und anderen Ländern durch ihre Tücken mit offensichtlichem Vergnügen hindurchgearbeitet, so, als ob das Buch ein erstklassiger Thriller wäre. Man kann Diskussionen darüber in Restaurants und Cafés hören. Immerhin ist Monods Buch eine Absage an die jüdisch-christliche Grundlage der gesamten westlichen Kultur und auch an die Grundlage der moslemischen und sonstigen religiösen Gemeinschaften.

Das vorliegende Werk hat sich unter anderem den Versuch zum Ziele gesetzt zu zeigen, daß die Schlußfolgerungen und Denkmethoden Monods und seiner Freunde hinsichtlich der Sinnlosigkeit des Ursprungs, der Erhaltung und Bestimmung des Lebens mit ihrem folgerichtigen Atheismus eher das direkte Ergebnis unbewußt *subjektiven* als *objektiven* wissenschaftlichen Denkens und Interpretierens der neueren biochemischen Fakten darstellen. Wir vertreten die Überzeugung, daß Monod nicht nur andere, sondern diametral entgegengesetzte Schlußfolgerungen gezogen haben würde, wenn er bei der Behandlung der zu seiner Verfügung stehenden biochemischen Fakten wirklich so objektiv gewesen wäre, wie er es vorgibt zu sein.

Im folgenden sollen Gründe für diese Überzeugung angeführt werden. Unserer Meinung nach stützen die biochemischen Fakten nicht nur die Ansicht, daß das Leben sowohl in seinem Ursprung als auch in seinem Bestand das direkte Ergebnis einer Konzeption, eines Logos darstellt, sondern sie drängen jeden ernsthaften, objektiv eingestellten Menschen geradezu zu dieser Schlußfolgerung. Der Leser wird lediglich um eine leidenschafts- und vorurteilslose Betrachtung unserer Argumentation gebeten. Nachdem er die präsentierten Fakten erneut durchdacht hat, möge er zu seinem eigenen Schluß gelangen. Offensichtlich wird hier gründliches, ernsthaftes Denken verlangt. *Im Gegensatz zu dem, was Christen und andere Leute gewöhnlich glauben, beweist der Erfolg von Monods Werk, daß die allgemeine Öffentlichkeit mit hieb- und stichfesten Argumenten zu diesen fundamentalen Dingen konfrontiert zu werden wünscht.*

Im folgenden Teil wollen wir also einige der Monodschen Argumente überprüfen, nicht einfach deshalb, weil sie Monods Argumente sind, sondern weil sie eine der letzten Darstellungen der gegenwärtig dominierenden Form des neo-darwinistischen, naturwissenschaftlichen Materialismus und Atheismus darstellen. Wir hoffen, die Hauptprobleme Monods fair behandelt zu haben. Manchmal ist es schwer, die offenbar unbewußte Subjektivität in seinen häufig abstrusen Argumenten aufzudecken und bloßzulegen, aber wir hoffen, daß im Verlaufe unserer Diskussion die steigende und offenkundige Subjektivität einiger seiner Hauptdenkweisen zum Vorschein kommen wird. Eine genaue Inspektion der Monodschen Argumente ist deshalb besonders wichtig, weil wir uns dann zugleich auch mit der Grundlage des neo-darwinistischen, naturwissenschaftlichen Materialismus beschäftigen, der an den meisten Universitäten und Stätten höherer Bildung in Ost und West gelehrt wird, d. h. also sowohl in der angelsächsischen — als auch in der kommunistischen Welt.

Wie man im Verlaufe der Diskussion sehen wird, führt der Austausch von Subjektivität gegen Objektivität an verschiedenen Stellen der Monodschen Argumente oft zu einer direkten Umkehr der Schlußfolgerungen, die von den naturwissenschaftlichen Materialisten gezogen werden. Wir werden am Ende dann nicht mehr – wie Monod – darauf bestehen müssen, daß das Leben sinnlos sei, sondern wir werden uns zu dem genau entgegengesetzten Schluß gezwungen sehen: das Leben, seine Erhaltung und sein Ursprung sind höchst bedeutungsvoll. Dies läuft auf die Aussage hinaus, daß sich Leben und Materie als in hohem Maße willensmäßige und nicht als zufällige Konzeptionen herausstellen. Sie konnten nur im Sinn ihren Ursprung haben und so Bedeutung anstelle von Bedeutungslosigkeit in die Materie und ihre Molekularbiologie bringen.

Molekularbiologen wie Monod sind aufrichtig und absolut davon überzeugt, daß es heute, im Lichte der von ihnen ans Tageslicht geförderten molekularbiologischen Fakten, einfach Unsinn ist, irgend etwas Übernatürliches oder Übermenschliches hinter unserer Umgebung, unserem Leben oder uns selbst zu vermuten. Da sie – ihrer Überzeugung nach – alle Naturphänomene einschließlich des Lebens erklärt haben, ohne auf die Annahme einer Übernatur oder einer Übermaterie zurückgreifen zu müssen, ist die Idee einer göttlichen Planung hinter der Natur als naiv oder unnötig zu bezeichnen. Falls ihre Annahmen stimmen — und Monod selbst ist von ihrer Richtigkeit überzeugt —, werden ihre Schlußfolgerungen zwingend: Mensch und Leben stehen im Universum allein, ein einsamer Zufall, ein absurdes und ungeplantes Ereignis in der weiten Öde des Raumes.

Die mit dieser Schau verbundene Einsamkeit frustriert Monod beinahe ebenso stark wie die nackte Sinnlosigkeit aller Lebensphänomene um ihn herum. Mit bemerkenswerter Aufrichtigkeit gibt er dieses zu. Seine Denkfrustration beweist jedoch offensichtlich, daß seine These von der Sinnlosigkeit die innere Welt seines persönlichen Denkens keineswegs befriedigt oder „nährt". Andernfalls würde er in seinem Denken zufrieden und nicht — wie es offenbar der Fall ist – frustriert sein. *Eine Zufallserklärung von Ordnung und deshalb von Denken wird von keiner Denkmaschine „verdaut"*. Auch kann man Ordnung niemals im Sinne des Zufalls vernunftgemäß erklären. Wie könnte es auch anders sein? Das Gehirn ist nämlich dazu eingerichtet, die durch gedankliche Planung entstandene Ordnung zu analysieren. Ordnung und Denken können nicht aus „Nichtdenken" und „Sinnlosigkeit" entstehen, wenn es auch genau das ist, was Monod behauptet. Er glaubt jedoch, daß seine intellektuelle Redlichkeit und Objektivität nur diese Hirn- und Denkvermögen zerstörende, frustrierende Sicht des Lebens fordern und zulassen. Wenn sinnloser Zufall der alleinige Urheber des „Lebens und der Harmonie" um uns herum ist, dann folgt daraus, daß diese Rolle kein persönlicher oder andersgearteter Gott übernehmen kann. Es folgt ebenfalls daraus, daß das Denken selbst zufällig (wenn es durch Zufall entstand) und deshalb unzuverlässig sein muß.

Wie kann man nämlich irgendeine Art von Denken, Planung oder Gott jemals mit Zufall gleichsetzen? Hier haben wir den sicheren Weg zum völligen Nihilismus.

1 Le Hazard et la Nécessité, Aux Editions du Seuil, Paris, 1970, S. 197.

Kapitel II

Das Zeugnis der Geschichte

Als der Mensch biologisch noch jung war, wurde er sich — zumindest nach einigen wissenschaftlichen Theorien — darüber klar, daß er und die Tiere die Urheber von Artefakten wie Kaninchenbauten, Häusern, Schwertern und Wandfresken waren. Wenngleich der Mensch der Vorzeit auch angeblich primitiver Art war, so wußte er dennoch ganz klar, daß diese künstlichen Gebilde nicht das Ergebnis des freien Spiels der Natur und ihrer die Materie formenden „natürlichen, willkürlichen Kräfte" (Zufall) waren. Als deshalb der Mensch in seiner „Jugend als Art" Phänomene und Gegenstände beobachtete, von denen er nicht annehmen konnte, daß sie aus der Materie durch die Willenskräfte der Natur herausgebildet worden seien, hatte er zur Erklärung der Artefakte, die den von ihm durch Denkprozesse verfertigten Gebilden ähnelten, einen anderen Urheber zu finden. Der primitive Mensch dachte also niemals, daß Mensch oder Tier in den Zufallsaktionen der unorganisierten Naturkräfte ihren Ursprung hatten. Beide Gebilde (Mensch und Tier) schienen auf eine Art entstanden zu sein, welche der ähnlich war, auf der der Mensch selbst künstliche Gebilde herstellte, möglicherweise mit dem Unterschied, daß sie sehr viel komplexer waren als irgendein von ihm selbst verfertigtes Gebilde.

Als Ergebnis dieser Überlegungen, so nimmt man an, wurde der Mensch der Vorzeit gezwungen, einen denkenden Gott oder Götter zur Erklärung der Gebilde zu fordern, welche Wind, Regen oder Wetter nicht geschaffen haben konnten. Alle unerklärlichen Gebilde wurden so einer hinter der Natur stehenden Gottheit zugeschrieben. Von dieser Gottheit dachte man, sie habe die Natur auf die gleiche Weise zusammengefügt, der sich der Mensch bediente, wenn er die Natur zusammenfügte und seine Gebilde schuf, *das heißt durch Nachdenken.* Die Erklärung für Gebilde, welche Menschen oder Tiere nicht selbst hergestellt haben, fand man im Postulat einer Gottheit, die von ähnlichem

Wesen wie der Mensch selbst war oder wie ein göttliches Tier, dem Schöpfer der Gebilde. So entstand also — nach bestimmten wissenschaftlichen Lehrmeinungen – die anthropomorphe Vorstellung einer Gottheit hinter der Natur, die in bemerkenswerter Weise menschen- oder sogar tierähnlich war. Es mußte einen Planer der in den Gebilden der Natur (wie Leben) verborgenen Ideen geben, dessen Wesen man natürlicherweise für anthropomorph oder tierähnlich hielt. Monod nennt diese Auffassung „Animismus".

Darwin führte die moderne biologische Welt zu einer Denkweise, die dem Menschen angeblich erlaubte, bei dem Versuch, die Naturgebilde zu erklären, seine bis dahin „primitiven" anthropomorphistischen, „animistischen" Vorstellungen zu überwinden. Man muß sich jedoch vergegenwärtigen, daß der Frühmensch seine theologischen Thesen entwarf, um die Gebilde auf einer völlig logischen Grundlage zu erklären, falls er sie überhaupt auf diese Art entwarf. (Der Autor selbst bezweifelt dies.) Sie beinhaltet eine Analogie zwischen den gedanklichen Konzeptionen hinter seinen eigenen Werken und denjenigen, welche er nicht geschaffen hatte.

Wie führte nun Darwin die Menschheit aus dieser Art „primitiver, animistischer" Logik heraus? Seine Methode war letzten Endes recht simpel. Er entwarf das Postulat, daß Gebilde wie das Leben, das – wie alle anderen Gebilde – scheinbare Spuren einer Planung und gedanklicher Konzeption trägt, in Wirklichkeit aufgrund einer Methode entstanden, welche noch niemand vorher konsequent entwickelt hatte. Menschliche Werke waren offensichtlich das Ergebnis menschlicher Konzeption, menschlichen Denkens und Planens. Das heißt, sie waren das Ergebnis gedanklich geleiteter physischer und geistiger Arbeit. Darwin lieferte nun die „experimentellen Fakten" für eine neue Vorstellung, welche „bewies", daß diese einfache und althergebrachte Denkart – der Plan irgendeines Werkes läßt sich auf einen Planentwerfer zurückführen – für die lebenden Artefakte, welche man zuvor der gedanklichen Konzeption eines Gottes zugeschrieben hatte, nicht länger gelte. Wenn es auch nicht möglich war, den Plan eines Tonkruges auf die frei agierenden Zufallskräfte der Natur zurückzuführen, so sollten doch – nach Darwin, Monod und seinen Freunden – die unendlich komplexeren lebenden Gebilde wie Mensch, Tier und Pflanze allein und grundsätzlich den beliebig waltenden Kräften der Natur und nicht irgendwelchem planenden Denken zugeschrieben werden.

Durch Hinzufügung der natürlichen Auslese als richtunggebender Kraft zu den sonst ungerichteten Zufallskräften sollte Plan aus Planlosigkeit entstanden sein. So wurde also der „reife" Mensch, das heißt der moderne, naturwissenschaftlich gebildete Mensch angeblich dann geboren, als er erkannte, daß der Denkschritt, welcher einen Plan auch einem Planer zuordnet, nicht nur unnötig, sondern auch unrichtig war. Der Mensch wurde zum modernen Menschen der Wissenschaft, befreit vom Animismus und Glauben oder Aberglauben an eine Übernatur hinter den Werken der Natur, als er lernte, lebende Gebilde nicht länger auf Denken und Planen zurückzuführen, sondern auf von der Selektion gelenkte, willkürlich handelnde Kräfte der Natur.

Mit anderen Worten: der Mensch wurde in seinem Denken modern, als er zu der Überzeugung gelangte, daß Planvolles spontan aus Planlosem ohne die vermittelnde Kraft eines gedanklichen Konzepts entstand. Der große Durchbruch bei der „Befreiung" des Menschen von den Fesseln eines abergläubischen „Animismus" (in Monods Wortgebrauch) und Glaubens an eine Gottheit hinter der Natur fand dann statt, als der Mensch – gemeint ist der objektive, moderne Mensch – sich der großen, im Darwinismus verborgenen Wahrheit bewußt wurde, daß nämlich Planvolles durch Zufallsmutationen zustande komme, welche von der „natürlichen" Auslese gefiltert werden, und daß es dazu keiner Unterstützung durch gedankliche Konzeption bedarf.

Wenn wir jetzt – so sagen Monod und seine Freunde – als moderne Menschen von heute zu der alten Vorstellung zurückkehren, daß ein großer Entwerfer von Gedanken, Plänen und Ideen vonnöten sei für die Erklärung der Pläne und lebenden Gebilde in der Natur, dann kehren wir faktisch zu den urzeitlichen Denkwegen des Frühmenschen zurück und werden – wie er – wieder primitiv, animistisch und abergläubisch. Darwin entfernte das Bindeglied zwischen Planung und Planer, indem er angeblich zeigte, daß Planvolles spontan, endogen und nicht gedanklich konzipiert aus dem Chaos entstand. Wenn wir nun dies Bindeglied zwischen „geplantem" Gebilde und Planer wieder einfügen, dann vollziehen wir einen rückwärts gerichteten Denkschritt in die primitiven Denkmethoden des Frühmenschen. *Faktisch läuft alles auf die Feststellung hinaus, daß ein Überbordwerfen jeglichen Glaubens an einen übernatürlichen Ursprung von Planung und Ziel des Lebens und der Natur gleichbedeutend damit sei, in intellektueller Hinsicht erwachsen zu werden. Ein Student ist noch nicht zur intellektuellen Reife gelangt, wenn er sich lieber an eine göttliche Erklärung des Lebens und seiner Planung hält als an eine Erklärung, die sich auf die nicht gedanklich konzipierten natürlichen, willkürlich-freien Kräfte der uns bekannten Natur verläßt.*

Aus diesen und anderen Gründen achten Intellektuelle, die an eine göttliche Erklärung der Natur und des Lebens glauben, sehr sorgfältig darauf, daß sie in intellektuellen Kreisen nichts darüber verlauten lassen. Wenn sie nämlich ihren Glauben an eine hinter unserer Natur verborgene Übernatur zur Erklärung der Lebensgebilde enthüllen, dann wird man wahrscheinlich diesen Glauben in den meisten tonangebenden Wissenschaftlerkreisen als einen positiven Beweis für intellektuelle Minderwertigkeit und drittklassige Intelligenz ansehen, noch nicht befreit von den Fesseln alten animistischen Aberglaubens. Monod äußert sich dahingehend. Die Elite des Establishments hält solche Menschen für nicht ernstzunehmende Kuriositäten, welche sicherlich nicht dazu geeignet sind, Denkanstöße zu vermitteln, oder die manchmal sogar gesellschaftlich nicht akzeptabel erscheinen.

Wenn man nämlich irgendwie an das Argument der Planung glaubt und dies verrät, so verrät man damit zugleich geistige Unreife, um nicht zu sagen, geistige Inkompetenz. Die Thesen Darwins und Monods enthalten ganz offensichtlich die Saat einer bösartigen, wenngleich vielleicht unbewußten Megalomanie und Arroganz, welche heute mit Sicherheit weite Teile des herrschenden Establishments kennzeichnen. Diese Megalomanie äußert sich häufig so, daß allen denjenigen Autoren, welche sich dem etablierten Denken nicht anpassen, das Publikationsrecht in naturwissenschaftlichen Zeitschriften praktisch verweigert wird.

Der vorliegende Essay hat sich unter anderem zum Ziel gesetzt, zu verdeutlichen, daß gerade die Grundlage der Thesen Darwins (und Monods) in sich selbst wissenschaftlich und logisch ungenügend ist. Der hier vertretene Standpunkt läßt sich dahingehend formulieren, daß man mit Sicherheit zu Ansichten gelangt, die denen von Darwin und Monod diametral entgegengesetzt sind, wenn man die Fakten der jüngeren molekularbiologischen Forschung objektiv und innerhalb der bekannten thermodynamischen Gesetzmäßigkeiten behandelt.

Die gegenwärtige Lage

Es ist unbestreitbar, daß die heutige Generation der Biologiestudenten, welche die besten Universitäten sowohl im Osten als auch im Westen durchläuft, einer besonderen und in der Tat recht primitiven Art von, fast möchte man sagen, „Gehirnwäsche" unterzogen wird. Was sie im wesentlichen gelehrt werden, besagt, daß sie intellektuell primitiv sind, wenn sie nicht jeglichen Glauben an einen göttlichen Urgrund aller Dinge über Bord werfen und den Weg gehen, den ihnen Monod und seine materialistischen Freunde weisen. *Die einzigen „fortschrittlichen" Geister heute gehören nämlich zum Establishment, und dieses ist materialistisch.*

Die sicherste Möglichkeit zur Verhinderung des Fortschritts auf irgendeinem Gebiet, einschließlich des Denkens selbst, besteht in der Überzeugung, daß man bereits alles darüber weiß und nichts neu überdenken müsse. Ich kenne eine Universität in den Vereinigten Staaten — eine renommierte Universität —, an der ein Professor lehrt, welcher rundheraus erklärte, daß ein Student, der von der Richtigkeit der darwinistischen Sicht der Biologie nicht aufrichtig überzeugt ist, ungeeignet für die Erlangung der Doktorwürde sei. An den europäischen Universitäten verhält es sich sicher ähnlich. Einige Amerikaner nennen diese Haltung mit Recht die einer „wissenschaftlichen" Mafia.

Gott benutzte das darwinistische Konzept bei der Schöpfung: Geist und Zufall als Antipoden

Viele in wissenschaftlichen Berufen tätige Kirchenanhänger sehen heute offenbar überhaupt nicht klar, welche Probleme auf dem Spiele stehen. Sie versuchen, sie häufig durch die Annahme zu umgehen, daß der Gott, an den sie glauben, Leben und Materie dadurch schuf, daß er die von Darwin und seinen Freunden beschriebenen Zufallsprozesse benutzte, ja, sie faktisch lenkte! Das heißt, sie glauben an eine Art „theistische Evolution". Einige der zur Kirche zählenden Wissenschaftler, die dem Konzept einer göttlichen Schöpfung etwas näherstehen, glauben an eine verwässerte Form des Darwinismus, bekannt als „progressiver Schöpfungsglaube", nach dem Gott ungefähr alle zehntausend Jahre in die Natur penetrierte und eine neue Art erschuf.

Keine dieser Evolutionsvorstellungen erweist sich letzten Endes als etwas anderes als eine Ausflucht. *Sie alle setzen nämlich voraus, daß Gott die materielle und die unbelebte Welt nicht dadurch schuf, daß er zunächst gedankliche Konzeption entwickelte und diese später dadurch realisierte, daß er sie in eine materielle Form einkleidete, sondern daß er genau das Gegenteil dieses Denkprozesses tat. In Wirklichkeit postulieren sie also, daß Gott den Kräften der Natur ihr freies Spiel bei den mutativen Reaktionen ließ, aus welchen – ebenfalls mit nicht geplanten Mitteln – die natürliche Auslese irgendwelche Fortschritte herauslas. Was sie faktisch vorschlagen, ist die Meinung, daß die Gebilde der Natur und des Lebens nicht durch die gedankliche Planung und Arbeit eines Geistes entstanden, sondern durch einen diesem Denkprozeß entgegengesetzten Vorgang, der den willkürlichen Kräften der Natur als Gegensatz zu Denkprozessen erlaubte, Leben und Materie zu formen. In Wirklichkeit läuft dies darauf hinaus, daß man – in der modernen Sicht – sagt, nicht Logos,* ***sondern Nichtdenken oder Alogos (= Chaos) habe die Welt erschaffen.***

Wenn Gott Welt und Leben nicht durch gedankliche Überlegungen, das heißt, nicht als Logos schuf, dann haben Welt und Leben ihren Ursprung eher in Nichtplanung als in planendem

Denken. Wenn natürlich Leben und Weltall durch blinden Zufall entstanden — wie Monod meint —, dann kann man nie auf irgendeine Weise behaupten, daß ein Gott oder Logos die Welt *ersann.* Willkür und blinder Zufall sind nämlich die genauen Gegensätze zu Logos oder gedanklichem Konzept. Wenn Gott oder der Logos Universum und Leben durch Zufall machte, dann kann er nicht in irgendeiner Weise der wahre Schöpfer sein, denn dieser heißt Zufall oder Nicht-Logos (= Chaos). Der Zufall bedarf nicht einer Person, eines Logos oder sogar einer Kraft, welche ihm helfen zu „erschaffen". Wenn nun der Zufall alles bewirkt hat, dann entstand das, was existiert, aus dem Nicht-Logos und hat zur Folge, daß „Gott" deshalb Zufall (= Chaos) und nicht Geist oder Logos sein muß. *Faktisch ist der Zufall ein Nicht-Wesen, so daß auch Gott ein Nicht-Wesen hinter der Natur sein muß.* So läßt uns die darwinistische Lehre unausweichlich an den Punkt gelangen, an dem wir leugnen, daß Gott der Logos ist, denn Logos ist Denken und nicht sein Gegenteil, nämlich Zufall, Nicht-Denken, Alogos oder Willkür. Wenn man jedoch irgendeinen *schöpferischen* Vorgang dem Zufall zuschreibt, so bedeutet dies letzten Endes eine Verneinung des zweiten Hauptsatzes der Thermodynamik. Wenn ferner die Schöpfung auf Zufall beruht, dann ist Gott Zufall, der weder Geist, Konzeption oder Plan besitzen kann, das heißt: Gott muß ein Nicht-Wesen sein. Der Zufall bildet die Antithese zu diesen drei Attributen; dies bedeutet, *daß unser Schöpfer weder eine Person noch ein Planer noch intelligent ist, wenn wir irgendeine Schöpfung dem Zufall zuschreiben. Im Gegenteil, er ist ein Nicht-Ding, eine Nicht-Person, ein Nicht-Wesen.*

Wenn Monod und Darwin recht haben, dann entstanden Leben und Natur nicht zuerst im Geiste Gottes, um später als in die Materie eingekleidete Gedanken Gottes realisiert zu werden. Der Zufall nämlich hat keinen Geist und keine Konzeption.

Zufall ist die Antithese des Logos. *Geist wirkt dadurch, daß er Willkür ausschließt und sie von den Vorgängen eliminiert. Geist ersetzt Willkür durch die Ordnung von Informationen. Wenn wir also ein hinter der Schöpfung stehendes göttliches, gedankliches Konzept leugnen und an seine Stelle unpersönliche Willkür setzen, dann verleugnen wir gleichzeitig mit Sicherheit das Ge-*

samtprinzip der biblischen Offenbarung über die Schöpfung. Nach der biblischen Offenbarung nämlich entstand die Schöpfung in Gottes Rat, das heißt in seinem Geist und Denken. Falls sie in Willkür entstand, dann geschah dies in Nicht-Denken, das heißt mit Sicherheit nicht in seinem Geist (das ist Logos). Willkür ist, wie wir bereits bemerkten, die Antithese zu Geist, denn dieser bildet die Quelle zu schöpferischem Denken. Wenn man behauptet, Konzeption sei ungeordnet, und chaotisch, verneint man den Begriff Geisteskonzeption, die Ordnung an sich bedeutet.

Kapitel III

Wissenschaftliche Fakten unwiderlegbar

Monod und seine Schüler erklären explizit und implizit, daß die von ihnen zur Stützung ihrer Thesen zitierten Sachverhalte unwiderlegbare, wissenschaftliche Fakten und Beobachtungen darstellen, so daß ihre Theorien so unerschütterlich fest sind wie die Fakten selbst, von denen sie sie angeblich ableiten. Zweifellos stellen die Fakten Fakten dar, dies bestreitet keiner. Was wir bestreiten, ist der nächste Schritt. Wenn die angeführten Fakten Fakten darstellen, muß es dann selbstverständlich sein, daß die Theorien, welche diese Autoren auf ihnen aufgebaut haben, ebenfalls unwiderlegbar sind?

Zweifellos ist die Unlogik dieser Position völlig unbewußter Art, aber sicherlich bedient man sich ihrer in bestimmten Kreisen mit Regelmäßigkeit. Ich persönlich erhalte immer wieder Besuch von Kollegen, die mit echter Verwunderung und voller Überraschung auf ihren berufsgeprägten Gesichtern zu mir kommen. Sie fragen, wie ein Mann, der die wissenschaftlichen Fakten so kenne wie ich, nur so schizophren sein könne, daß er an all jenen primitiven Kram von Göttlichkeit und Übernatürlichkeit glaube. Die hinter solchen Äußerungen liegende Vorstellung besagt, die Fakten seien dergestalt, daß ein Glaube an Gott heute automatisch unmöglich werde. Man weist vergeblich darauf hin, daß man die Fakten auch auf eine Art interpretieren könne, welche die Annahme eines Geistes hinter der Natur und nicht die von Sinnlosigkeit fordert.

Monod glaubt, die Vererbungsvorgänge in der biologischen Zelle völlig dadurch erklären zu können, daß er sich nicht an Geist, sondern an chemische Gesetze wendet, welche unpersönlich sind und ohne Geist funktionieren. Zweifellos folgt der Mechanismus der Zellteilung in der Tat bestimmten, völlig unpersönlichen Gesetzen. Warum sollte jedoch die wissenschaftliche Tatsache, daß die Zellteilung gewissen unpersönlichen Regeln folgt, beweisen, daß bei einer Zellteilung *ausschließlich* unpersönliche Zufallskräfte am Werke sind?

Ist es nicht eine sehr bekannte Tatsache, daß jeder Geist (Monods Geist eingeschlossen) nach unpersönlichen Prinzipien, welche durch vollkommen unpersönliche Gesetze dargelegt sind, arbeiten kann und es tatsächlich auch tut? Arbeitete nicht der Geist, der einen Ottomotor erfand, bei seiner Planung nach bestimmten, wohlbekannten, unpersönlichen Gesetzen der Mechanik und Verbrennungschemie? Die Frage lautet: Haben jene unpersönlichen Gesetze den Motor konstruiert oder hat ein Geist, der von jenen Gesetzen wußte, sich ihrer bedient, so daß der Motor diese Gesetze zur Arbeit ausnutzen konnte? Benutzen die Köpfe der Architekten nicht die völlig unpersönlichen Gesetze der Geometrie als Grundlage ihrer Konstruktionen? Die unpersönliche Natur der hinter der Zellteilung verborgenen chemischen Gesetze beweist sicherlich nur so viel, daß ein Geist hinter dem Gesamtphänomen diese unpersönlichen Gesetze kannte und verstand und deshalb in der Lage war, sie beim Bau der Zelle anzuwenden, gerade so wie ein Ingenieur unpersönliche mechanische und chemische Gesetze benutzt, um seinen Ottomotor funktionstüchtig zu machen. Das besagt aber nicht, daß diese unpersönlichen Gesetze den Motor oder den Zellmotor bauten.

Es ist sicherlich ein ganz primitiver philosophischer Irrtum, wenn man sich vorstellt, es gebe hinter der Zellvermehrung keinen Geist, nur weil unpersönliche chemische Gesetze die Vererbung steuern. *Eine den Schlußfolgerungen Monods diametral entgegengesetzte Ansicht sollte aus den bekannten Fakten der Wissenschaft und ihren unpersönlichen Gesetzen entspringen. Die Anwendung bekannter, unpersönlicher chemischer Gesetze beim Bau eines biologischen Motors wie der Zelle verlangt die Annahme, daß irgendeine Art von Logos genug über jene unpersönlichen Gesetze wußte, um sie bei der Konstruktion biologischer Zellmotoren anwenden zu können.* Wie schon an anderer Stelle betont wurde, läßt uns eine genaue Prüfung der Fakten der Natur hier zu Schlüssen gelangen, welche denen Monods und seiner Freunde diametral entgegengesetzt sind.

Sicherlich sollten auch einem Anfänger auf diesem Gebiet Irrtümer solcher Art materialistischer Philosophie klar sein. Was würden die Intellektuellen z. B. denken, wenn der Autor behaupten würde, daß Chemie, Mechanik und Thermodynamik die alleinige Erklärung für den Ottomotor und seine Entstehung seien, weil er eben den Ottomotor auf der Basis der unpersönlichen Gesetze der Chemie, Mechanik und Thermodynamik erklären kann? So verhält sich nämlich die materialistische Logik: Der Ottomotor funktioniert nach den unpersönlichen Gesetzen der Chemie, Mechanik und Thermodynamik; deshalb lassen sich seine Entstehung und auch seine Arbeitsweise vollständig auf die in der Natur wirkenden unpersönlichen Kräfte der Chemie, Physik etc. zurückführen. Deshalb war an der Entstehung des Ottomotors niemals so etwas wie ein Geist (Logos) beteiligt! Unpersönliche Gesetze und Zufall reichen für eine vollständige Erklärung all seiner Kompliziertheiten aus! Monods Argument ist ein ganz primitives *non-sequitur.*

Der springende Punkt liegt natürlich darin, daß die Gesetze der Chemie, Mechanik und Thermodynamik keinen Ottomotor zusammenbauen. Die Ottomotoren funktionieren durch Anwendung dieser Gesetze. Nicht die Gesetze bauen Motoren, sondern der Logos. Die Tatsache, daß die Ottomotoren jene Gesetze *anwenden,* stellt sicherlich einen positiven Beweis dafür dar, daß der Motorenkonstrukteur ein „Logos" war, der diese Gesetze gut genug kannte, um sie bei der Konstruktion einer funktionstüchtigen Maschine in intelligenter Weise benutzen zu können.

Wer könnte heute bezweifeln, daß die biologische Zelle ein Supermotor ist? Warum, im Namen der Vernunft, können wir die gleiche Art von Logik nicht auch auf die Erklärung der Funktion eines biologischen Motors anwenden, der die unpersönlichen Gesetze der Chemie als funktionelle Basis besitzt? Monods „logische" Argumentation ist sicherlich sehr viel schlechter fundiert als eine Logik, die eine persönliche, konzipierende Grundlage beisteuert, um die Entstehung des biologischen Zellmotors zu erklären!

Die Molekularbiologie beschreibt zweifellos in sehr präziser Weise die unpersönlichen chemischen und sonstigen Gesetze, nach denen eine Zelle funktioniert. Aber dann beschreiben und erklären unpersönliche, chemische und thermodynamische Gesetze präzise die Arbeitsweise des Ottomotors, jedoch nicht seine Konstruktion oder Entstehung. Nur die Köpfe der Ingenieure, die alles über die unpersönlichen, chemischen und physikalischen Gesetze wissen, nach denen der Ottomotor funktioniert, verstehen es, jene Gesetze teleonomisch anzuwenden, so daß eine funktionstüchtige Maschine entstehen kann. Ebenso wie Chemie und Thermodynamik uns mit einer Erklärung der Grundlage versehen, auf der der Motorenkonstrukteur seinen Motor entwirft, so daß er die ihm bekannten unpersönlichen Gesetze ausbeuten kann, verhält es sich auch mit der Molekularbiologie. Der Molekularbiologe verwendet sehr viel Zeit, um die unpersönlichen chemischen und sonstigen Gesetze kennenzulernen, von denen die Funktion einer Zelle abhängt. Dann kann er jene Gesetze bei seinem Versuch anwenden, eine lebende Zelle (Motor) zu bauen, die sie mit maximaler Effizienz ausnutzen kann.

Wenn wir einmal die Tatsache zugestehen, daß die biologische Zelle unter anderem ein sehr leistungsfähiger Motor ist, eine Tatsache, die die Molekularbiologen seit vielen Jahren – und mit Recht – in unsere Köpfe hämmern, dann folgt der Rest von allein. Die Molekularbiologen dachten, durch die Bezeichnung der biologischen Zelle als Maschine die Gotteskonzeption zu zerstören. Wir müssen jedoch einen Geist (Logos) hinter dieser Maschine vermuten, wenn wir die Tatsache erklären wollen, daß die Maschine durch Anwendung und Ausbeutung bestimmter unpersönlicher chemischer Gesetze funktioniert, die wohl dem Geist hinter der biologischen Maschine, jedoch ihr, der Maschine selbst, vielleicht nicht bekannt sind.

Auf dieser Grundlage sehen wir uns ferner zu dem Schluß gezwungen, daß der planende Geist zumindest intelligent genug ist, um jene unpersönlichen Gesetze der Chemie und Thermodynamik mit einem unglaublichen Grad an Finesse auszubeuten. Mit anderen Worten: Der Geist, welcher Maschinen wie die biologische entwirft, muß beträchtlich intelligenter sein, als wir es zum gegenwärtigen Zeitpunkt sind. Das heißt, er muß sehr viel mehr Kenntnisse über die unpersönlichen chemischen und sonstigen Gesetze der Natur besitzen als wir. Uns ist es nämlich noch nicht gelungen, diese Gesetze so anzuwenden, daß wir ein vollkommen synthetisches menschliches Wesen – oder auch nur eine einzige Zelle — herstellen können (Virus ausgenommen).

Um es zusammenzufassen: Nur ein Geist kann unpersönliche

Gesetze verstehen und dann so ausbeuten, daß er eine Maschine konstruiert, welche ihrerseits nach jenen Gesetzen funktioniert. Warum sollte es dann primitiv und nicht progressiv sein, wenn man auch hinter einem Motor wie der biologischen Zelle einen Geist voraussetzt? Warum sollte es progressiv sein, die unlogische Ansicht zu vertreten, daß die unpersönlichen Gesetze der Chemie und des Zufalls eine Maschine *aufbauen* können, die bestimmte Gesetze der Natur wirksam auszubeuten versteht? *Kein unpersönliches Gesetz hat jemals eine funktionstüchtige Maschine hervorgebracht, welche ihrerseits jenes Gesetz benutzt.* Das kann nur ein Geist, der diese Gesetze zunächst versteht und dann benutzt. Unpersönliche Gesetze kennen keine Teleonomie!

Warum wird dann der Wissenschaftler, der dies für wahr hält, so von seinen materialistischen Kollegen verachtet, die auf dem entgegengesetzten Standpunkt stehen? Sie können kein einziges Beispiel für die Plausibilität ihrer Ansicht anführen! Warum behandelt man die an geistige Planung glaubenden Wissenschaftler mit dem Spott, dem Monod sie aussetzt? Wie kann ein „objektiver" Naturwissenschaftler einen anderen Wissenschaftler, der an Geist und deshalb an das Göttliche hinter dem Zellmotor glaubt, als „subjektiv" und deshalb intellektuell unredlich und logisch drittklassig beschuldigen? Aber genau das geschieht schon seit Jahren regelmäßig und ungestraft durch das „progressive" materialistische Establishment. *Die Logik steht ganz eindeutig auf Seite derjenigen, welche an Gott und Geist hinter dem Leben glauben, nicht auf der Seite der naturwissenschaftlichen Materialisten,* die sich verhalten, als ob sie wirklich eine wissenschaftliche Mafia bildeten.

Die Ansichten Monods spiegeln – wie bereits erwähnt – jene der Mehrheit der etablierten Wissenschaftler wider. Sie machen jeden Glauben an ein transmaterielles Konzept zur Herkunft, Planung und zum Sinn des Lebens vom intellektuellen Standpunkt aus „primitiv". Die Materialisten malen einen Glauben, der von Gott ausgeht, und eine göttliche Konzeption als Erklärung der Fähigkeit der Zelle, unpersönliche Gesetze der Natur, der Chemie und Physik auszubeuten, von denen die Zelle selbst nichts „weiß", in Farben, welche jenen Glauben als lächerlich und intellektuell rückschrittlich erscheinen lassen. Man lehrt, daß die

Denkkategorien, welche hinter der Auffassung des Lebens als Geist und Plan stehen, auf eine menschliche Entwicklungsstufe als baumbewohnendes Tier zugeschnitten seien. Heute, da der Mensch die modernen Maßstäbe der Wissenschaft und Technik erreicht hat, ist er automatisch reif für eine Emanzipation von solch angeblich primitiven Denkweisen, welche Gebilde mit planvollem Denken verbinden. Der Mensch, der moderne Mensch, muß sich darauf vorbereiten, sich in die kalte Realität der sinnlosen Geistlosigkeit des Alls hinauszuwagen, die Monods Prämisse einer „absoluten Objektivität" fordert.

Bei der Entwicklung seines Dogmas der sogenannten Objektivität vergißt Monod, daß hinter jedem experimentell bekannten künstlichen Gebilde – außer, in Monods Sicht, dem Gebilde des Lebens – ein wie auch immer geartetes Geistkonzept steht. Wenn das Lebensgebilde eine Maschine ist — und so verhält es sich zweifellos —, warum sollte die „Lebensmaschine" oder die „lebende Maschine" zu ihrer Entstehung keines Geistes bedürfen, wohingegen viel simplere „tote Maschinen" und andere Artefakte einen Geist zu ihrer Erklärung brauchen? Es ist nun einmal so, daß Maschinen Maschinen darstellen, gleichgültig, ob sie tot oder lebendig sind, und als solche einen hinter ihrer Konstruktion stehenden Geist benötigen.

Propaganda der Wahrheit

Monod und seine Freunde sind so sicher, daß ihre „Objektivität" sie zur Wahrheit geführt hat, zur absoluten Wahrheit von der Sinnlosigkeit des Lebens, daß für sie sogar die Tugend der Bescheidenheit der Notwendigkeit untergeordnet ist, die reine molekularbiologische, materialistisch-atheistische „Wahrheit" an die breite, bis dahin noch nicht erreichte Öffentlichkeit heranzubringen. Dem Gelehrten steht Bescheidenheit wohl an, sagt Monod.[1] Bei der Verkündigung seiner Ideen jedoch ist, wie Monod meint, Bescheidenheit fehl am Platze. Die Ideen, zu denen der Gelehrte gelangt, müssen wie ein totaler Krieg propagiert werden. Bei diesem Kampf darf es keine Schonung oder Zurückhaltung geben. Aus diesem Grunde bringt Monod seine äußerst dogmatischen Ansichten von der absoluten Sinnlosigkeit des Lebens und seiner Herkunft mit einer Leidenschaft vor, welche manchmal in Erstaunen versetzt. Immer wieder trifft er die kühne Feststellung, daß heute alle Gottesvorstellungen („Animismus") primitiv sind und fallengelassen werden müßten, da Monods spezielle Wissenschaft sie – seiner Ansicht nach – ihres Inhalts beraubt habe.

Obgleich er kein Marxist ist (nach eigenen Aussagen ist er Sozialist[2]), verfolgt er doch seine atheistischen Ziele mit beinahe marxistischem Missionseifer. Danach gelangt er jedoch zu einem Punkt, an dem er zugibt, daß das Verständnis seiner eigenen Wissenschaft ihn in eine Einsamkeit, eine philosophische Kargheit und Frustration geführt hat, die ihn selbst quälen. Er wurde nämlich – wie er glaubt – zu dem Schluß gezwungen, daß der Mensch sinnlos und äußerst einsam im Universum stehe. Der Mensch ist ein völlig irrationaler Zufall einer konzeptlosen, willkürlichen Natur. Sein Leben und seine Entstehung sind sinnlos – oder mit Camus – absurd. Weil dieser Schluß für Monod jedoch die ganze Wahrheit darstellt, bleibt er seinen intellektuell redlichen Maßstäben treu und akzeptiert diese „Wahrheit". Er muß sie akzeptieren, auch wenn sie ihn umbringt.

Die Verständnisschwierigkeit liegt nicht darin, daß er die Wahrheit annimmt, wenngleich sie ihn tötet; jeder intellektuell ehrliche Mensch sollte sich diesen Standpunkt prinzipiell zu eigen machen. *Das Beunruhigende an der idealistischen und philosophischen Situation solcher Philosophen liegt darin, daß sie folgende Tatsache anscheinend nicht zu sehen wünschen: Wenn ein Postulat zu irgend etwas führt, das einschließt, ihre eigene Existenz sei sinnlos oder absurd und deshalb unverständlich, dann sollte dieses Postulat im Lichte jedes neuen (wie auch jedes alten) Faktums, das verfügbar wird, sorgfältig erneut überprüft werden. Einstein war es, der sagte, das ewige Geheimnis der Welt sei ihre Faßbarkeit, nicht ihre Sinnlosigkeit oder Unverständlichkeit. Jede Theorie, nach der alles sinnlos wird, sollte also verdächtig sein.*

Der Mensch hat einen unstillbaren Appetit nach Sinn, nach dem wirklichen Verständnis der Bedeutung aller Dinge. Damit beschäftigt sich im Grunde das gewaltige menschliche Gehirn. *Wenn es alles als sinnlos abschreibt, dann verleugnet es sein eigenes Wesen – sein Hirnwesen,* das ebenso leidenschaftlich nach Sinn sucht wie der Magen nach Nahrung. Ohne diese geht nicht nur der Magen, sondern der ganze Mensch zugrunde. Und ohne Sinn (Verstehbarkeit) verdirbt nicht nur die Vernunft oder „Ratio", sondern der ganze Mensch stirbt kulturell und intellektuell. Dieses Kernstück des Menschen – sein Hunger nach Sinn – verhält sich wie all die anderen Bedürfnisse, die wir haben: man muß sie stillen, wenn wir leben wollen. Er – unser Hunger nach Sinn – ist ein wesentlicher Bestandteil unseres Menschseins. Wenn man die Möglichkeit seiner Stillung dadurch leugnet, daß man behauptet, alles sei sinnlos (so Monod), dann bedeutet dies die Zerstörung eines Kernbedürfnisses und der Bedeutung unserer Spezies. Es macht uns subhuman (die Suche nach Sinn macht uns menschlich), unerfüllt und frustriert, wie Monod selbst zugibt.

Sein Entschluß, mit reiner Willenskraft geradewegs bis zum bitteren Ende der Wüste von Absurdität und Sinnlosigkeit durchzuhalten, ist hoch einzuschätzen. Man kann die in diesem Versuch zutage kommende Aufrichtigkeit der intellektuellen Absicht nur bewundern. In Wirklichkeit jedoch ist Askese dieser Art überflüssig, wie eben so manche Arten physischer Askese überflüssig sind. Wenn man den ganzen Tag auf einem Bett spitzer Nägel sitzt, so ist das ebenso unnötig, wenngleich es auch dem physischen Asketen einige Befriedigung verschaffen mag. Wunschdenken sollte man sicherlich zurückweisen. Dies bedeutet jedoch nicht automatisch, daß Monods Wahl einer „objektiven", intellektuellen Askese sein Bemühen um intellektuelle Redlichkeit auch wert ist.

Jeder im Reich der Biologie vorhandene Appetit besitzt etwas Korrespondierendes, das diesen Appetit stillt. Wir haben Appetit nach Proteinen, Kohlehydraten, Wasser und Mineralsalzen, ganz zu schweigen von bestimmten Gewürzen. Ein Türke hat seinen sehr berechtigten Appetit nach Döner Kebab, und Döner Kebab entspricht seinem Appetit! Das wäre in der Tat eine seltsame Situation, wenn es in der uns bekannten Natur ein Geschöpf gäbe, das Appetit auf irgend etwas (einschließlich

Vernünftigkeit und Sinn) hätte, der nie befriedigt werden könnte. Nur wenige bezweifeln jedoch, daß der bestentwickelte und unstillbare Appetit des menschlichen Wesens der nach Sinn ist.

Wenn man einen Menschen informiert, alles sei absurd und sinnlos, dann sagt man ihm damit, daß sein Gehirn niemals mit Sinn befriedigt werden kann. Das Gehirn und sein Verlangen nach Sinn entstanden angeblich in Sinnlosigkeit, um niemals gestillt zu werden. Wir haben ein bedeutendes Organ entwickelt, das sich von Sinn ernährt. Wir entwickelten es aus der Sinnlosigkeit heraus, um zu erkennen, daß sein Appetit nach Sinn sinnlos ist. Solch ein Dogma zerstört den Menschen. *Es zerstört ebenfalls die Prinzipien der natürlichen Auslese selbst, auf die sich die Evolutionstheorie klar und deutlich gründet.* Durch die natürliche Auslese werden nämlich nur die am besten an ihre Umgebung angepaßten Organismen den Kampf um die Existenz überleben. Wie kommt es denn, daß das relativ größte und vom Stoffwechsel her gesehen kostspieligste Organ der Vertebraten, das Organ zur Aufhellung von Sinn anhand logischer Deduktion, das Gehirn nämlich, durch die natürliche Auslese in einer Welt entwickelt wurde, die im letzten Grunde keinen Sinn, das heißt keine Arbeit für das Gehirn enthält?

Diese Vorstellung muß grotesk, in der Tat ohne Sinn sein, *denn sie wirft beide Ideen über Bord, die Idee der Schöpfung durch Gott wie auch die der Evolution ohne Gott aufgrund der natürlichen Auslese und des Überlebens der am besten angepaßten Individuen.* Ein rationales Gehirn sollte in einer zutiefst irrationalen Welt einen Hinderungsgrund für das Überleben darstellen. Wenn man Monods Gedanken weiter verfolgt, gelangt man zu dem Schluß, daß auch das Konzept der Rationalität des vernünftigen, durch ein wirksames Organ mit weitem Spektrum, wie es das menschliche Gehirn darstellt, vermittelten Denkens niemals von den „Progressiven" hätte zur Diskussion gestellt werden sollen. Nach dem Konzept der Sinnlosigkeit sollte es nämlich für nichts in der Natur eine in Wirklichkeit existierende Grundlage geben. *Echter* Zufall nämlich sollte niemals spontan zu Planung — oder Nicht-Zufall — führen.

Ein kluger Denker könnte nun behaupten, daß man nicht erwarten sollte, eine materialistische Wissenschaft würde – unter der Voraussetzung, daß sich die Wissenschaft allein mit der Materie und ihren Gesetzen beschäftigt – irgend etwas Supramaterialistisches in ihr finden. Ein kluger Materialist würde die Dinge eben auf der Ebene der Materie belassen. Das irrationale Element der materialistischen Wissenschaft kommt dann ins Spiel, wenn man Monod gleich zu Beginn seiner materialistischen Thesen darauf bestehen hört, daß für den echten Materialisten keine anderen Beweise als die der Materie akzeptabel seien. An dieser Stelle finden wir eine echte Auflösung menschlichen Logos' oder menschlicher „Ratio" in Nichtdenken, Nichtlogos oder Willkür. Direkt vor unserer cerebral fundierten Logik verwandelt sich Logik in Unlogik. Wenn man nämlich leugnet, daß irgend etwas außer der Materie existiert und zur selben Zeit dogmatisch konstatiert, daß ein Beweis für etwas Extramaterielles nicht geeignet sei, den wissenschaftlichen Zeugenstand einzunehmen, dann stellt dies sicherlich nicht nur eine Degeneration der logischen Denkprozesse des menschlichen Gehirns dar, sondern scheint eine bestimmte verborgene Furcht davor zu enthüllen, daß trotz allem Beweise für etwas, das über die Materie hinausgeht, in den Zeugenstand treten könnten.

Der berühmte Physiker Eddington charakterisierte diese Haltung folgendermaßen: Bestimmte Naturwissenschaftler gleichen Menschen, die die Fische der Tiefsee dadurch erforschen wollten, daß sie ein Netz mit einer Maschenweite von fünf Zentimetern herabließen. Als die ehrenwerten Männer nun jahrelang ihre Fänge in dem Netz mit einer Maschenweite von fünf Zentimetern heraufgezogen hatten, kamen sie zu dem wohlfundierten Schluß (die Funde bewiesen ihre These vollständig, auch waren keine Ausnahmen bekannt), daß es in all den von ihnen befischten Ozeanen keine Fische gibt, die kleiner als fünf Zentimeter sind. Monod und seine Freunde proklamieren laut und ohne jene falsche Bescheidenheit, welche dem Gelehrten so schlecht ansteht, daß ihr materialistisches Netz noch nie einen nicht-materialistischen Fisch gefangen habe, so daß dieser eben nicht existieren könne. Um seine Fakten besonders abzusichern, bedient sich Monod einer Extraversicherungsmaßnahme, die in der zusätzlichen Erklärung besteht, daß es unwissenschaftlich wäre, Fische unter fünf Zentimeter Länge als Beweis zu akzeptieren, selbst wenn er solche nicht-materialistischen Fische tatsächlich finge! So wäre jeder Fisch, der „kleiner als fünf Zentimeter" wäre und zufällig in ihre wissenschaftlichen Netze geriete, *a priori* und automatisch als Beweis disqualifiziert.

Wenn wir dieses Stadium „progressiven" Denkens (oder Manipulierens der Beweise) erreicht haben, können wir uns wohl mit Recht fragen, ob es überhaupt noch einen Sinn hat, Bücher zu schreiben, welche eine von Grund auf irrationale und deshalb unlogische „wissenschaftliche" Denkmethode betreffen. Man wird sie nämlich nicht ernst nehmen. Wenn alles keinen Sinn hat, warum sollte man sich dann die Zeit nehmen und die Mühe machen, die Idee zu entwickeln, daß ein Nichts an Sinn irgendetwas bedeutet, das einer Erklärung bedarf. Sogar der Wunsch, die illusorischen Reste von Rationalität, die ja sowieso nicht wirklich existieren, zu zerstören, muß doch von Grund auf irrational und frei von jedem Sinn sein? Und wenn es mit dem logischen Denken wirklich hapert, dann lautet die Antwort: Unterdrücke die Beweise als untauglich für den wissenschaftlichen Zeugenstand.

Der Sinn hinter der Aufstellung des Postulats der Sinnlosigkeit

Der Grund, weswegen sich Monod und seine Freunde der Sinnlosigkeit zugewandt haben, ist nicht schwer zu finden. Er und seine Freunde wuchsen in einer von Grund auf mechanistisch geprägten Generation heran. Seit den Zeiten der Königin Viktoria neigten die Naturwissenschaftler zu der Annahme, daß Mechanik und Mechanismen Wesen und Ziel aller erstrebenswerten Kenntnisse seien. Natürlich verließen fortschrittliche Physiker vor Jahren die rein mechanistische Sicht des Universums. Sir James Jeans stellt ein hervorragendes Beispiel für diese Einsicht dar. Die Biologen unter anderen klammern sich jedoch noch immer fest an die Meinung, daß eine rein mechanistische Interpretation der Biologie und Biochemie den Schlüssel zum Verständnis aller biochemischen und biologischen Probleme liefere.

Die Lehrbücher und Zeitschriften der Biochemie interessieren sich fast ausschließlich für Reaktionsmechanismen. Für die Aufhellung noch weiterer Mechanismen werden Nobelpreise verliehen. Es ist natürlich klar, daß die Kenntnis der Mechanismen bei der Biochemie der Vererbung uns die Augen für den Vorgang der Artkonstanterhaltung etc. geöffnet hat; aber die Mechanismen allein, wenngleich von großem Nutzen, haben den Ursprung der Vererbung nicht besser erklärt als die Kenntnis der Reaktionen im Verbrennungskolben eines Ottomotors den Ursprung seines Konstruktionsplanes.

Monod und seine Freunde haben molekularbiologische Mechanismen in fachkundiger Weise untersucht und aufgedeckt und dabei herausgefunden, daß sie höchst komplex sind. Diese rein mechanische Erhellung der Molekularbiologie wird jedoch niemals den Plan hinter diesen Mechanismen erklären. Die Mechanik ist das Mittel zu einem Ziel, aber nicht das Ziel selbst. *Das Ziel nämlich liegt gewöhnlich in einem gedanklichen Konzept.* Die Beschäftigung mit der reinen Mechanik einer Maschine kann also niemals den Ursprung oder die ganze Bedeutung dieser Maschine enthüllen; und die biologische Zelle ist eine Maschine. Auch der Ottomotor entstand nicht als Mechanismus, sondern als gedankliches Konzept, welches sich eines Mechanismus bediente. Monod und seine Freunde haben die Mechanik der Molekularbiologie untersucht und dabei herausgefunden (ganz verständlich, wenn Sinn nicht nur auf Mechanik beruht), daß sie in sich keinen erkennbaren Sinn trägt. Deshalb sprechen sie den das Leben aufbauenden molekularbiologischen Mechanismen jeden Sinn ab, anstatt außerhalb der rein mechanischen Funktionsabläufe der Vererbung nach weiteren Beweisen für Sinn zu suchen.

Die Grundschwierigkeit liegt also in der rein mechanistischen Weltanschauung unserer Zeit und besonders unserer Molekularbiologie. Mechanik und Mechanismen bilden die Mittel zu bestimmten Zwecken, nicht aber den Zweck selbst noch den Ursprung, der oft unklar bleibt, soweit er die Mechanik betrifft. Der Aufbau einer Kamera ist das Mittel zu einem Zweck. Die

Untersuchung des Verschlußmechanismus wird jedoch niemals die Schönheit einer mit dieser Kamera aufgenommenen Alpenlandschaft enthüllen, selbst wenn die Mechanik der Kamera es fertigbringt, die Schönheit der Fotografie einzufangen. Menschliche „Verschlußmechanismen" sind sicherlich wunderbar — die Vererbungsvorgänge sind es auch —, aber sie können uns wenig über unser Schönheitsgefühl erzählen, das wir beim Betrachten der Pracht der schneebedeckten winterlichen Berge empfinden, noch über die Freude eines Menschen, der seine Fähigkeit zur Anbetung seines Schöpfers entdeckt hat, welcher die Mechanismen zum Ausdrücken dieser Freude ersann. Sinn ist eben nicht nur etwas Mechanistisches, wenngleich er sich auch zu seinem Ausdruck verschiedener Mechanismen bedient.

1 Monod, loc. cit. S. 13
2 New Scientist, 12. Oktober 1972, S. 110

Kapitel IV

Die Philosophie der Molekularbiologie

Zu Beginn seines Werkes erklärt Monod, daß er mit allen Wissenschaftlern das letzte Ziel der Wissenschaft in der Erklärung des Menschen in seiner Beziehung (was, wenn diese Beziehung ebenfalls sinnlos und deshalb eine Nicht-Beziehung ist?) zum Rest des Universums sehe. Bevor er sich jedoch auf seine philosophische Reise begibt, macht er eine grundsätzliche Voraussetzung, die wir bereits erwähnt haben, an dieser Stelle jedoch noch einmal erwähnen müssen. Sie lautet, daß jede Theorie, die sich mit dem Verhältnis des Menschen zum übrigen Universum beschäftigt, ganz und gar im materialistischen Sinne formuliert werden sollte. Jede metaphysische Terminologie oder auch jedes metaphysische Anzeichen in diesem Verhältnis sind wissenschaftlich nicht akzeptabel.[1]

Monods Prämisse lautet, daß die Naturwissenschaft die Materie und nur die Materie erfaßt. Die naturwissenschaftliche Philosophie muß deshalb ganz, vollständig und total materialistisch sein. Da sich die Metaphysik mit dem Immateriellen beschäftigt, können sie und ihre Ergebnisse für keinen echten Naturwissenschaftler in irgendeiner Form tragbar sein. Dies bedeutet, daß alle und jede metaphysischen Aussagen über das Verhältnis des Menschen zum Rest des Alls *ipso facto* aus dem wissenschaftlichen Zeugenstand verbannt sind, weil sie eben in ihrer Art nicht streng materialistisch sind.

Diese Idee erstreckt sich noch eine Stufe weiter. Schon die Vorstellung allein, daß es hinter der Natur überhaupt irgend etwas Metaphysisches gäbe, ist für Monod prinzipiell völlig untragbar. Er hat natürlich keine konkreten Beweise zur Untermauerung dieser Sicht zur Hand. Aus Prinzip und als Axiom lehnt er jeden metaphysischen Beweis ab. Für diese Haltung gibt er keine Gründe an, außer dem, daß es angeblich unwissenschaftlich wäre, so etwas zu tun. Er hat also keine echten Beweise für seine Ansicht, daß es nichts Metaphysisches hinter dem Universum gäbe. Für ihn ist die Sache einfach selbstverständlich, er setzt dies einfach voraus. Daraus folgt aber, daß seine Ablehnung der Metaphysik in Wirklichkeit völlig subjektiv sein muß. Aus Monods Bemerkungen zu seiner Einschätzung der jüdisch-christlichen Tradition läßt sich der wahrscheinlich wahre Grund für diese Ablehnung unschwer ersehen. Er ist einfach darin zu suchen, daß er gegen jede Religion, Metaphysik oder Planung hinter der Natur eine extreme Abneigung besitzt. Besonders verachtet er jedoch die jüdisch-christliche Tradition. Mag dies nicht der wahre Grund für seine Ablehnung der Metaphysik sein? Was er nicht leiden kann, reduziert er zur Sinnlosigkeit und bestimmt es für die Rumpelkammer. Das ist Psychologie nach dem Lehrbuch. Seine – *a priori* – Zurückweisung jeglicher Metaphysik ist also einfach psychologisch, das heißt *subjektiv* bedingt.

Die Frage, die sich uns natürlich stellt, lautet, ob ein Naturwissenschaftler dies unwissenschaftliche Verdammen *a priori* zulassen sollte? Wir müssen uns klarmachen, daß Monod nur das praktiziert, was heute in der etablierten Wissenschaft gang und gäbe ist, wenn er sich für die Verbannung metaphysischer Beweise ganz allgemein einsetzt. Trotz der ausgedehnten und gründlichen Untersuchungen eines Wissenschaftlers vom Rang des verstorbenen C. D. Broad aus Cambridge lassen sehr viele Wissenschaftler heute paranormale Phänomene nicht ernsthaft als Beweismittel gelten, ganz gleich, wie gut sie belegt sind.

Außer Monods primärem Grund (Abneigung gegen die Metaphysik) besteht ein weiterer Grund natürlich darin, daß die Naturwissenschaftler normalerweise (Ausnahme Physik und Mathematik) das Verhalten von Systemen innerhalb eines dreidimensionalen Raumes und der Zeit studieren. Phänomene, die sich innerhalb dieser drei Dimensionen und der Zeit bewegen, sind *normale* Erscheinungen. Alle Geschehnisse außerhalb der drei Dimensionen und der Zeit bezeichnet man als paranormale Ereignisse und glaubt, daß sie als solche die Grenzen gewöhnlicher Beobachtung überschreiten. Das muß jedoch nicht notwendigerweise der Fall sein. Die Auferstehung Christi z. B. ereignete sich innerhalb von Raum und Zeit, aber sie kann nicht auf dieser Grundlage allein erklärt werden. Sie war jedoch gut belegt

– in der Tat eine der bestbelegten Geschichten in unseren Geschichtsbüchern (in Raum und Zeit) – obgleich sie in ihrer Art sicherlich paranormal war. Gewöhnliches Fleisch und Blut erstehen nach Kreuzigung und drei Tagen Aufenthalt im Grabe nicht wieder in Kraft und Gesundheit, können nicht durch verschlossene Türen gehen, sich nach Belieben in Nichts auflösen, Fisch essen und zu gleicher Zeit exakt über Vergangenheit und Zukunft Bescheid wissen. Über fünfhundert vertrauenswürdige Menschen bezeugen die Realität dieser Phänomene in einer Weise, die vor jedem Gericht bestehen könnte. Weil die beschriebenen Phänomene jedoch paranormal waren, akzeptiert die etablierte Wissenschaft diese Beweise nicht, ungeachtet der Tatsache, wie gut sie – sogar auf materialistischer Ebene – fundiert sind. Das ist eine Folge des Verbannens unschmackhafter Beweise.

Was in Wirklichkeit geschieht, ist, daß zukünftiger Fortschritt — fundamental wissenschaftlicher Fortschritt – durch eine Geisteshaltung, wie Monod und das Establishment sie entfalten, in schwerster Weise belastet wird. Um jedoch ihre eigene mechanistisch-materialistische Wissenschaft zu schützen, leugnen sie die Möglichkeit der Existenz von Beweisen außerhalb der ihnen bekannten drei Dimensionen. Ihre Methode ist – wie wir dargelegt haben – recht einfach, denn sie besteht hauptsächlich darin, Beweise für irgend etwas anderes als das, was sie persönlich kennen oder zu kennen wünschen, zu verbannen.

Die Historiker erkennen, daß man sich ungezählte Male in der Vergangenheit dieser Methode bedient hat. Die von Galileo Galilei und den meisten anderen Erneuerern erbrachten Unterlagen wurden durch das jeweilige Establishment (damals die Kirche) als wertlos beiseite geschoben. Dies war schon immer eine Funktion des Establishments, welche es befähigte, Beweise auszuschließen; sie hat zu allen Zeiten dem echten Fortschritt im Wege gestanden. Wir wollen uns deshalb nicht wundern, wenn wir sehen, daß sich die etablierte Wissenschaft heute der gleichen Methode mit dem gleichen Ergebnis bedient, daß sie nämlich den *status quo* (mechanistische Molekularbiologie) zugunsten des Establishments aufrechterhält und jeden echten Erkenntnisfortschritt verhindert.

Sicherlich ist es überflüssig zu behaupten, daß man bei der Suche nach neuen Erkenntnissen immer die gesamten zur Verfügung stehenden Tatsachen berücksichtigen muß. Wenn sich eine Theorie auf alle Unterlagen stützt, die ein bestimmtes Gebiet jemals und unter allen Umständen liefern kann, dann wird diese Theorie niemals irgendeinem Wandel unterworfen sein. Abwandlungen einer Theorie tauchen immer nur im Lichte neuer Beweise auf, manchmal aus unerwarteten Ecken. Oft sind die sogenannten Experten auf einem Gebiet die letzten, welche die Bedeutung neuer Hinweise von einem neuen Gebiet erkennen. Jeder Fortschritt, sowohl praktischer als auch theoretischer Art, kommt also aus dem Suchen und Akzeptieren neuer Beweise.

Die früheste Art von Beweisen, welche die moderne Naturwissenschaft ins Leben rief, war mechanischer Natur. Von daher war die Wissenschaft des 19. Jahrhunderts weitgehend mechanisch konzipiert. Man erforschte Mechanismen und wandte sie in immer breiteren Kreisen an. Die Physik erreichte rasch die äußerste Grenze dieser mechanistischen Kreise, die dann die Erkenntnis beschränkte; aber sie war auch die erste Naturwissenschaft, welche diese Grenze sprengte. Es folgen Wellen- und Quantenmechanik. Jeans und Eddington sahen frühzeitig, daß Mechanik und Mechanismen gegen Ende des 19. Jahrhunderts ihr Pulver verschossen hatten und daß sie mit ihrer Hilfe niemals die Wirklichkeit würden erklären können, welche nicht rein mechanistischer Natur ist. Die Bummelanten, die von dieser Erkenntnis der Physik und Mathematik nicht profitieren, sind die Biologen – und die Theologen. Die letzteren versuchen noch immer in rasender Weise, ihre oft abtrünnige christliche Theologie mit den nicht länger relevanten mechanistischen Naturwissenschaften des 19. Jahrhunderts in Übereinstimmung zu bringen. Sie haben dabei keinen großen Erfolg, außer daß sie sich zu der feierlichen Erklärung berufen fühlen, der Gott ihrer eigenen Theologie sei tot, ein Schluß, der angesichts des totgeweihten Zustandes ihrer Wissenschaft und ihrer Theologie nicht verwunderlich ist.

Eine grundsätzliche Feststellung

Wir möchten an dieser Stelle folgende Feststellung treffen: Es ist grundsätzlich unwissenschaftlich, bei der Lösung eines wissenschaftlichen oder andersartigen Problems auch nur zu wünschen, irgendwelche relevanten, gut fundierten Beweise aus irgendeiner normalen oder paranormalen Quelle *a priori* zurückzuweisen. Dies trifft um so mehr zu, wenn man sich mit einem so komplexen Problem wie dem Sinn der Wirklichkeit beschäftigt. Ein in echter Weise objektiver wissenschaftlicher Geist wird gleich zu Beginn seiner Untersuchung erklären, daß er bereit und willens sei, jeden echten, sachbezogenen Hinweis – aus welcher Quelle er auch immer stammen möge – sorgfältig abzuwägen. *Monod und der Rest des heutigen Establishments in der Naturwissenschaft erklären in ihren Schriften, daß die Realität, welche die Beziehung des Menschen zum übrigen Universum bestimmt, in der Tat ausschließlich und in mechanistischer Weise materiell sei.* Sie wollen nämlich – aus Prinzip *a priori* – nur einen materialistischen Extrakt jener totalen Fülle von Beweisen akzeptieren, die bei einer Bearbeitung des Problems zutage kommen. Wenn man jedoch behauptet, daß die Wirklichkeit ausschließlich mechanistischer Art sei, bedeutet dies, einige der fortschrittlichen Ergebnisse der modernen Physik zu mißachten, welche uns lehren, daß die Wirklichkeit sicherlich mehr ist als uns unsere altmodische, an der Mechanik orientierte materialistische Wissenschaft lehrte. Irgendein echtes Beweisstück aus irgendeiner Quelle zu verleugnen, bedeutet, eine ungeheure, wenngleich auch unbewußte *Subjektivität* des Denkens zu entfalten.

Das öffentliche *A-priori*-Verschließen des Geistes vor der Möglichkeit, sogar der Wahrscheinlichkeit, daß sich die Wirklichkeit über das rein mechanistische Material hinaus erstreckt, ist nicht nur — wie bereits erwähnt — wissenschaftlich unhaltbar, es stellt auch einen philosophischen Selbstmord dar. Es läuft faktisch – wie man es nennen könnte – auf einen Versuch hinaus, die Wissenschaft dadurch zu „dirigieren", daß man auf einigen Gebieten, die sich nicht mit dem rein Mechanistischen und Materiellen decken, die wissenschaftlichen Beweise „manipuliert". So findet das alte Spiel der Politiker, welche Nachrichten dadurch

„manipulieren“, daß sie bestimmte Einzelheiten unterdrücken, während sie andere ständig verbreiten lassen, sein Gegenstück in der etablierten Wissenschaft. Etablierte Wissenschaft und etablierte Politik decken die menschliche Natur auf, wie sie ist, indem sie faktisch „dirigieren“. Ob wir jedoch Politik und Presse oder die Wissenschaft manipulieren, das Ergebnis bleibt sich immer gleich. Wenn man Informationen und Fakten, gleich welcher Art, manipuliert, dann führt dies unweigerlich zur Karikierung des Wissens selbst, weil es dieses einseitig werden läßt. Früher oder später wird das Ganze jedoch immer peinlich, besonders wenn der Druck der unterschlagenen Beweise einen Punkt erreicht, wo die Unterdrückung nicht länger möglich erscheint.

So war es im Falle Galileis, und so wird es auch heute sein. Die Unzulänglichkeit der materialistischen Theorien, welche heute die etablierten biologischen Wissenschaften regieren, wird allen zu gegebener Zeit klar werden. Es ist lediglich eine Frage der Zeit.

Angesichts dieser Tatsache ist es ganz bemerkenswert, daß Monods Hauptthese lautet, er sei *unter Abwägen aller verfügbaren Beweise* und aufgrund seiner reinen Objektivität in die völlig materialistische Sicht *hineingezwungen* worden. *Zuerst unterschlägt er die nicht-materialistischen Beweise und behauptet dann, er habe alle Fakten abgewogen!*

Dies bestätigt unsere Ansicht nur um so mehr, als sich sein Unterschlagen von Beweisen zurückführen läßt auf 1. seine *A-priori*-Überzeugung, daß man eine von der materialistisch-mechanistischen Realitätssicht abweichende Deutung vom wissenschaftlichen Standpunkt nicht ernst nehmen könne. 2. seine völlig subjektive Abneigung dagegen, irgendwelche Beweise auch nur näher in Betracht zu ziehen, wenn sie mit seinen eigenen voreingenommenen materialistischen Ansichten kollidieren oder nach Metaphysik und einer transmateriellen Deutung der Realität schmecken könnten.

Es wird also sehr deutlich, daß Monod sich nicht mit all den über die Realität zur Verfügung stehenden Fakten auseinandersetzen *will*, sondern ergänzende, ausgleichende Beweise willkürlich zurückweist, die ihn – hätte er sie ernst genommen – vor der Frustration durch die Sinnlosigkeit seiner inadäquaten, rein mechanistisch-materialistischen Realitätsphilosophie bewahrt haben würden. Er ist Materialist, weil er auf rein subjektiver Basis und *a priori* kompensierende Fakten für eine supramaterialistische Realität zurückweist, welche ihm das vermittelt haben würde, was sein eigener Logos zu seiner Existenz so dringend verlangt: Sinn jenseits der materialistischen Philosophie.

Wir wollen uns diesen Vorgang noch einmal anschauen, denn er vollzieht sich heute fast überall mit übereinstimmendem Ergebnis. Monod filtert aus allen vorhandenen Beweisen sorgfältig jene heraus, die metaphysisch sein könnten. Nur Beweise für rein mechanistisch-materialistische Phänomene dürfen den Filter seines Geistes passieren. Dann nimmt er sein rein materialistisches „Filtrat", analysiert es in der Tat sehr sorgfältig und objektiv und gelangt zu dem höchst verblüffenden und objektiven Schluß, daß sein „Filtratmaterial" nicht den geringsten Beweis für irgend etwas Nicht-Materielles enthält. Da sein Beweismaterial nur Phänomene enthält, die sich auf rein materieller Basis erklären lassen, folgert er, daß es keine Hinweise auf eine Realität gäbe, welche sich außerhalb der ihm bekannten mechanistischen Materie befindet. Als Resultat gibt es so etwas wie Metaphysik eben nicht und – natürlich – auch keine Beweise dafür im Bereich der Monodschen Wissenschaft.

Auf dieser Grundlage *ist* das Leben nur Chemie und Physik; denn man hat es untersucht, nachdem es den feinen Filter der Chemie und Physik passiert hat, der nichts anderes hindurchläßt. Man schämt sich beinahe, eine derartige Argumentationsweise zu beschreiben. Die Situation in der etablierten Wissenschaft ist jedoch derartig, daß man dazu gezwungen wird. Bildet dies die philosophische Grundlage der etablierten wissenschaftlichen Mafia?

Ein Beispiel

Wir wollen für einen Augenblick die sich aus dieser Denkweise ergebenden Verwicklungen anhand eines Beispiels untersuchen.

Ein junger, noch recht unerfahrener Chemiker, ausgebildet während seiner kurzen Laufbahn getreu den Prinzipien der altmodischen Techniken der Analytischen Chemie, die sich auf Methoden gründet wie dem Auswägen der durch spezifische Reagenzien verursachten Niederschläge, dieser Chemiker möchte seine Chancen zu einer erfolgreichen Karriere als analytischer Chemiker verbessern. Er bereitet sich also auf die Prüfung zu einem anspruchsvolleren Examen vor. Das von oben gewählte Fach besteht natürlich in seiner eigenen Spezialität, der Analytischen Chemie.

Als sich unser junger Chemiker nun in dem Labor einfindet, in dem die Prüfung stattfinden soll, wird ihm eine unscheinbare längliche Metallstange überreicht mit der Aufforderung, eine vollständige Analyse der Bestandteile durchzuführen und mögliche Anwendungen vorzuschlagen. Sowohl die Richtigkeit der rein chemischen Analyse würde honoriert wie auch Schlußfolgerungen hinsichtlich der Anwendungsmöglichkeiten des Stabes. So zerfiel die ihm gestellte Aufgabe zunächst einmal in die der rein chemischen Analyse, gefolgt von einem theoretischen Gutachten, das sich auf die Deutung seiner analytischen Zahlen gründete.

In mühevoller, sorgfältiger Arbeit ergründete unser Chemiker nun den vollständigen chemischen Aufbau der Metallstange bis herunter zu den Spurenelementen. Er fand einen hohen Eisenanteil, ferner etwas Nickel, Chrom, Kohlenstoff etc. Er zog deshalb den Schluß daraus, daß man ihm eine eisenhaltige Metalllegierung gegeben habe, und er führte die einzelnen Bestandteile nach ihren Prozentsätzen auf.

Als nächstes tauchte natürlich die Frage auf, was er mit den vorliegenden Fakten anfangen sollte. Er war überzeugt, daß seine analytische Untersuchung wohlbegründet sei. Das sich nun stellende Problem lag darin, eine Theorie über die Anwendungsmöglichkeiten der Stange zu entwickeln, welche ebenso solide war wie die Beweise, die er zur Hand hatte. Längliche Stücke aus Eisenlegierung konnte man auf vielen Gebieten verwenden. Er wollte sich bei einer so wichtigen Examensfrage nicht aufs Raten verlegen. Die Vielzahl der metallurgischen Möglichkeiten, bei denen man eine Eisenlegierungsstange dieser spezifischen Zusammensetzung verwenden konnte, gingen ihm durch den Kopf. Da er jedoch kein Fachmann auf dem Gebiet der Metallurgie war, zögerte er noch einmal, bevor er zu raten begann. Immer wieder sah er sich Gestalt und Größe der Stange an. Form und Größe waren jedoch zu allgemein, als daß sie absolut sichere Hinweise auf die Verwendungsmöglichkeiten seines besonderen Metallstückes hätten geben können. Er begann von Examenspanik ergriffen zu werden und zermarterte sein Gehirn nach einer Möglichkeit, die Pluspunkte doch zu gewinnen, welche ihm die Prüfer für eine ausgewogene und korrekte Diagnose hinsichtlich der Anwendung jener Metallstange offerierten. Die bei seiner analytischen Übung gewonnenen Fakten sagten ihm nicht viel — zumindest entstand kein Geistesblitz in seinem Gehirn —, zweifellos eine Auswirkung des Prüfungsstresses, der eine geistige Blockierung bewirkte.

Wenn unser Chemiker auch jung und unerfahren war, so hatten ihn seine Lehrer doch sorgfältig darin unterwiesen, wie man Beweise ordnet, welche man auf geschulte Weise in Routinearbeit zusammengestellt hat. Deswegen war er nicht nur ein guter und akkurater Analytiker. Er hatte ganz allgemein auf chemischem wie nicht-chemischem Gebiet einen offenen Blick. Diese Eigenschaften wirkten sich wie folgt aus:

Er hatte von seiner Metallstange durch Abfeilen und portionsweise Auflösung für seine analytischen Arbeitsgänge mehrere Proben genommen. Einige der Feilspäne lagen noch auf seinem Arbeitsplatz —, er hatte noch nicht die Zeit gehabt, sie zu entfernen. Zufälligerweise hatte er nun den Rest der Eisenstange auf eine Fläche gelegt, die mit Teilspänen bedeckt war. Während er noch überlegte, was er zur Anwendungsmöglichkeit der Eisenstange schreiben sollte, bemerkte er etwas, das wir alle irgendwann einmal in der Schule gesehen haben. Die Eisenfeilspäne hatten sich zu Mustern und Linien geordnet, als er seine Papiere und Instrumente auf seinem Arbeitsplatz hin- und herbewegte. Tatsächlich begannen die Späne ein magnetisches Feld und die Ordnung seiner sonst unsichtbaren magnetischen Kraftlinien zu reflektieren. Ein unsichtbares Kraftfeld, das er durch seine rein chemischen Analysemethoden nicht nachweisen konnte, war dadurch sichtbar geworden, daß es sich in eine materielle Form kleidete (geordnete Feilspäne). Das heißt: unsichtbare Ordnung (ein magnetisches Kraftfeld) hatte die Materie (die Feilspäne) geordnet, welche das normalerweise unsichtbare Feld sichtbar werden ließ.

Die nun zu erkennenden magnetischen Feldlinien brachten unseren jungen Chemiker augenblicklich auf die Idee, daß eine mögliche Anwendung des Stabes die als Kühlschranktürmagnet sei. Der Prüfer gab ihm zu Recht die beste Note für seine Analyse und für seine Ableitung, obgleich die letztere sich nur teilweise auf solide, unangreifbare, materielle, chemische Angaben wie Niederschlagsgewicht, Lichtabsorption und spektrographische Daten gründete.

Es trifft natürlich zu, daß die Beweise für Ordnung, nicht in Materie gekleidete Kraftfelder, wie auch für Muster und Sequenzen, durch und durch so verläßlich und bedeutsam sind wie die Beweise, welche in Gramm Niederschlag ausgedrückt werden. Genau an dieser Stelle erkennt man, wie unrichtig die Behauptung der Wissenschaftler ist, sie seien objektiv, während sie doch nur das anerkennen, was sie materielle Beweise (Gewicht des Niederschlags usw.) nennen und alles zurückweisen, was auf „bloße" Ordnung und Muster hindeutet, weil es – ohne die begleitende Materie – nach „metaphysisch" schmeckt. Wir werden uns mit diesem Aspekt der Ordnung später noch befassen.

Beweise, die sich auf Gewichts- und Lichtabsorptionsangaben gründen, sind vollkommen in Ordnung. Aber man kann sie sicherlich durch zusätzliches Beweismaterial ergänzen, das von anderer Art („bloße" nicht-materielle Ordnung) und dennoch vollkommen stichhaltig ist. Vom Standpunkt des Chemikers aus gesehen gründeten sich die supplementären Beweise nicht auf Analysedaten, sondern „bloß" auf ein Muster oder eine Ordnung, die durch ein sonst unsichtbares Feld in der Materie enthüllt und gelenkt wurde. Solange es keine Materie gab, worauf sich diese magnetische Ordnung stützen konnte, blieb das Feld völlig unfaßbar. Wenn sich keine magnetisch empfängliche Materie dort befunden hätte, würde es kein Mittel zur Sichtbarmachung der verborgenen Ordnung gegeben haben. Mit oder ohne Materie, die *Ordnung* ist völlig real.

Der Hilfsbeweis unseres Chemikers war einfach deshalb nicht ungültig, weil er in sich nur als Ordnung existierte, die ohne die Vermittlung von Materie unsichtbar war und von der eisenhaltigen Materie lediglich getragen wurde. Eine den Eisenfeilspänen, die sich nicht endogen anordnen können, auferlegte Ordnung reichte als Beweis für ihn aus. *Eisenspäne haben keine innere Tendenz, sich zu Mustern oder Sequenzen anzuordnen. Wenn sie ein ihnen nicht innewohnendes Muster annehmen, dann müssen wir mit unserem Chemiker vermuten, daß ihnen dieses Muster von einer Kraft exogen auferlegt wurde, welche nicht in den Teilspänen selbst liegt.*

Was wir hier herausstellen möchten, ist folgendes: *Reine Ordnung, Sequenzen oder Muster* sind ebenso beweiskräftige Gegebenheiten wie Gewichte oder andere physikalische Eigenschaften. Man akzeptiert wohl solche Ordnungsbeweise wie Absorptionsspektren, lehnt dies jedoch ab, wenn man den gleichen Ordnungstyp in einigen Fällen auf andere Kräfte, vielleicht solche *außerhalb* der Materie, zurückführen müßte. Obgleich die Materie sich nach wohldefinierten chemischen Gesetzen spontan zu bestimmten Mustern, die wir Verbindungen nennen, ordnet, ist diese Ordnung lediglich der äußere Ausdruck einer bereits existierenden, wohlbekannten inneren Ordnung tief innen in der Struktur der Materie.

Es gibt jedoch noch andere Formen von Ordnungen und Mustern in der Natur, die aus dem einfachen Grunde nicht aus einer inneren Ordnung der Materie entstehen können, weil eine derartige Ordnung nicht natürlicherweise existiert. Ein Beispiel dafür bilden unsere Eisenspäne, die nur unter dem Einfluß des Magneten eine Musterbildung zeigen. *Unserer Überzeugung nach gilt das gleiche auch für die Anordnung der Aminosäuren in der lebenden Proteinmaterie, bei der die Muster nicht aus den inneren Eigenschaften der einzelnen Aminosäuren entstehen, sondern durch die in den Ribosomen abgelesenen DNS-Sequenzen den Aminosäuren von außen auferlegt werden. Wie entstanden jedoch die ursprünglichen DNS-Sequenzen oder die ursprüngliche Ordnung? Sicher nicht in der Materie selbst.* Es spielt keine große Rolle, wie man diese Frage nach Ordnung und Mustern betrachtet. Beide müssen irgendwie erklärt werden.

Entweder entstanden sie als innere Eigenschaften der Materie, oder sie wurden ihr von außen auferlegt. *Ordnung entsteht niemals de novo und spontan aus Zufall – trotz Darwin und Monod.* Ganz gleich, ob sie endogener oder exogener Art ist, eins steht fest: sie entstand nicht spontan aus Nicht-Ordnung.

Unser junger Chemiker beobachtete eine Ordnung und Ordnungserzeugung, die er auf der Grundlage seiner chemischen Analyse allein nicht erklären konnte. Er verachtete die Ordnung, welche er beobachtete, jedoch nicht einfach deshalb als wertlos, weil er sie mit seiner chemischen Analyse materiell nicht erklären konnte. Er akzeptierte sie, obgleich sie aus einer ganz unerwarteten Quelle kam, und er benutzte sie, um seine mehr herkömmliche Analyse zu vervollständigen und zu ergänzen. Jeder echte Beweis, ob von „bloßer" Ordnung, von paranormalen oder metaphysischen Phänomenen oder sogar einfach unklassifizierbarer Art, sollte als solcher bejaht werden, um das Bild der Realität zu vervollständigen, das wir aufbauen wollen.

Beweismanipulation

Genau an dieser Stelle liegt die ganze Schwäche der dogmatisch-materialistischen Weltanschauung. Um sie aufrechtzuerhalten, muß man gegen sie sprechende Beweise manipulieren. In letzter Zeit bedient man sich dazu zweier Methoden: 1. Man führt die Ordnung der Natur, besonders der biologischen Natur, praktisch einhellig auf den Zufall zurück; *das bedeutet letzten Endes das gleiche wie die Aussage, daß es keine Erklärung dieser Ordnung gäbe.* 2. Die Ordnung der biologischen Natur, ihre Sequenzen und Stereostrukturen werden einer endogenen Ordnung in der Materie der toten Aminosäuren zugeschrieben, welche einen großen Teil der lebenden Moleküle ausmachen. Man hat aber keinen Sitz für diese angebliche Ordnung in den Aminosäuren in überzeugender Weise demonstrieren oder analysieren können. Faktisch verneint der zweite Hauptsatz der Thermodynamik diese Möglichkeit rundheraus.

Jeder Nachrichteningenieur weiß, daß Sequenzen, Codes und Ordnungsmuster durch einen Mechanismus entstehen müssen, welcher auf Kosten von Energie und in Übereinstimmung mit der Thermodynamik Willkür in Muster und Codierung verwandeln kann. Es ist unbestritten, daß bis jetzt noch keiner ein auf einfacher Materie beruhendes Mittel der Energieumwandlung gefunden hat, welches zufallsbedingte Materie wie die Aminosäureeinheiten in die Sequenzen und genetischen Codes hätte verwandeln können, die den lebenden Stoffwechsel ermöglichen.

Nichtsdestoweniger können alle die Ordnung betrachten, aber wir können sie im Sinne einer materialistischen Wissenschaft nicht erklären, weder auf der Grundlage von Eigenschaften, die der Materie selbst innewohnen, noch durch den Zufall, und uns dabei dennoch innerhalb der bekannten Hauptsätze der Thermodynamik bewegen. Ordnung, Sequenzen und Codes stammen jedoch letzten Endes alle aus Energieumwandlung; die Nachrichtentechniker und Physiker sind davon überzeugt. Und diese Umwandlung findet nicht an einer „rohen", unorganisierten, d. h. musterlosen Materie statt.

Wir sehen uns also zu dem Schluß gezwungen, daß das Kraftfeld, das die Ordnung der lebenden Moleküle ursprünglich induzierte und bedingte, von irgendeiner außerhalb der uns bekannten Materie gelegenen Quelle stammen muß, die wir bis jetzt noch nicht entdeckt haben. Man hat die Materie selbst recht gründlich abgesucht und keine Anzeichen für eine innere Struktur entdeckt, welche diese Quelle der Umwandlung von Energie in Ordnung verbergen könnte. Anordnungen der Materie, wie wir sie in DNS-Molekülen finden, können natürlich Informationen, Ordnung und Sequenzen speichern, jedoch nicht die Energie selbst, welche benötigt wird, um andere Moleküle zur Komplexität des Lebens anzuordnen. Das leisten die Enzyme.

Wenn wir einmal Materieanordnungen von der Komplexität eines DNS-Moleküls erreicht haben, ist die Sache recht einfach. Uns ist jedoch keine Möglichkeit bekannt, die ursprüngliche, auf der DNS oder dem Enzymsystem beruhende und von ihnen verursachte Ordnung zu erklären, die offensichtlich von einer außerhalb der Materie gelegenen Quelle stammen und in der Lage sein mußte, Energie in Codes und Sequenzen umzuwandeln. Der einzige Ort in der Materie für einen solchen Transformator, der bis jetzt noch nicht völlig erfaßt wurde, ist der Atomkern. Aus theoretischen Gründen scheint jedoch ein solcher Platz als Ordnungsquelle unwahrscheinlich.[5] Warum sollte es angesichts dieser Befunde für Monod und die materialistischen Naturwissenschaftler ein Greuel sein, nicht *a priori* jede Möglichkeit einer Information über Energieumwandlung außerhalb der Materie zu leugnen? Sicherlich nicht nur deshalb, weil man sie metaphysisch oder paranormal nennt? Offensichtlich braucht Ordnung nicht mit *Materie* verknüpft zu sein! Gedanken und intellektuelle Prozesse könnten mit Leichtigkeit auch auf Antimaterie beruhen, bei der die Zeit rückwärts läuft und sie sich spontan entwickeln anstatt zugrunde zu gehen. Warum sollte man ihre Realität leugnen, nur weil sie zufälligerweise nicht materiell sind?

Könnte nicht Denken selbst die Quelle der materiellen Ordnung, Sequenzen und Codes sein, mit denen das Leben unentwirrbar verflochten ist? Jeans glaubte daran. Denken nämlich besteht aus Konzeptionen, die in Sequenzen und Codes eingebettet sind, welche unserer eigenen Erfahrung nach in Form von Stimmen, Gedrucktem, Gedichten, Liedern oder sogar Gedächtnismakromolekülen der Materie auferlegt werden können. Die dem Gedicht als Grundlage dienende Materie (Papier) ist kein Teil des Gedichts oder des hinter ihm stehenden Denkens. Sie stellt lediglich das Medium dar, auf dem der Gedicht-Code nachgeahmt wird, und nichts weiter.

Wir gelangen also zu der Vermutung, daß Denken, welches in sich immateriell ist, aber auf Materie (Papier, graue Substanz, Tonband usw.) „reiten“ kann, sich selbst den Aminosäureeinheiten und ihren Sequenzen als ein „geschriebener Code“ auferlegte, welcher das Leben und seinen Sinn trägt. Wir wissen aus jahrelanger experimenteller Erfahrung, daß die Ordnung des Lebens nicht spontan erzeugt wird, wenngleich alle dazu nötigen Bestandteile in einer Mischung enthalten sind. Den einzelnen Aminosäuren muß entweder mit Hilfe bereits bestehenden Lebens oder *biochemischen Denkens* eine bestimmte Codeordnung auferlegt werden oder mit Hilfe irgendeines anderen Mittels, das man bis jetzt noch nicht innerhalb der Materie gefunden hat.

Da sich das menschliche Gehirn, ein Umwandler von Energie in Denkmuster, Sequenzen und Codes, in Gestalt des Molekularbiologen und seiner Intelligenz in der Lage gezeigt hat, Ordnung von einem Typ, wie ihn das Leben als Grundlage braucht, zu erzeugen, erscheint da nicht die Annahme gerechtfertigt, daß etwas dem menschlichen Denken Ähnliches, aber unvergleichlich viel Kraftvolleres für die erste ursprüngliche Codierungsordnung der lebenstragenden Materie verantwortlich war? Das menschliche Gehirn, ein Transformator von Stoffwechselenergie in Denken, Code, Sequenz und Ordnung, kann Codes und Ordnungen herstellen, welche denen ähneln, die Grundlage des Lebens sind. Warum sollte die Vermutung unwissenschaftlich sein, daß irgend etwas dem menschlichen Denken — einem Umwandler von Energie in Sequenzen und Codes – Ähnliches zu Urzeiten das Leben hervorrief? Da diese Lebensordnung – soweit wir es überblicken können – heute nicht endogen in der Materie enthalten ist, war sie sicherlich auch nicht am Anfang in oder auf der Materie zu finden (denn die ursprüngliche Materie war definitionsgemäß identisch mit der heutigen). Der Urordner muß sich also außerhalb der Materie befunden haben. Dies aber bedeutet nur eine höfliche Form der Aussage, daß wir uns zu der Schlußfolgerung gezwungen sehen, die Urquelle der Ordnung müsse metaphysischer Art und außerhalb der Natur gewesen sein.

Wenn man versucht, die Superordnung des Lebens und seiner Codes und Sequenzen durch die Annahme zu erklären, daß sie spontan – aus der Unordnung heraus – in der Materie entstand, so bedeutet dies das gleiche wie – wissenschaftlich gesprochen – das „Handtuch zu werfen". Die Behauptung, ein Phänomen von solcher Komplexität wie das Leben sei eben „entstanden", sieht die Sache von vornherein als erwiesen an. Nach unseren wissenschaftlichen Erkenntnissen entstehen Codes und sinntragende Sequenzen niemals spontan, sie sind immer das Resultat von gezielter (geplanter) Anwendung von Energie. Dies läuft auf die Aussage hinaus, daß an der Wurzel dieser Sequenzen, Muster und Ordnungen „planende (teleonomische) Energie" stehe.

Nach unserer Ansicht verbirgt sich hinter jedem wie auch immer gearteten Code *ein spezifisches Organ*, das die Umwandlung von Energie in Codes, in sinntragende Sequenzen, bewerkstelligt. Von Menschen geformte Codes wie Sprachen, Maschinen usw. entstehen aus der Umwandlung von Energie, die aus Kartoffeln und Proteinen stammt, in bedeutungstragende Sequenzen.

Computer erfüllen den gleichen Zweck, indem sie elektrische Energie in Codes und sinnvolle Sequenzen umformen. Man sieht die Frage von vornherein als erwiesen an, wenn man behauptet, daß irgendein sinntragender Code spontan aus Unordnung entstanden sei. Es bedeutet das gleiche, wie wenn man darauf hinweist, daß sie eben einfach „entstanden"; das aber ist die wahre Grundlage des heutigen wissenschaftlichen Materialismus. Monod behauptet genau dies, wenn er das Leben als unglücklichen Zufall bezeichnet.

Ein Vorschlag

Mir scheint, die befriedigendste Möglichkeit, um zu einer Interpretation des Lebens, wie wir es kennen, zu gelangen, besteht darin, anzuerkennen, daß die Materie zwar genügend Ordnung besitzt, um zu bestimmten, relativ einfachen Verbindungen wie Aminosäuren und Polypeptiden zu gelangen, nicht aber eine ausreichende innere Ordnung, die sie zu der höchsten komplexen genetischen Codeordnung des Lebens führen könnte. Diese Ansicht stützt sich auf die Tatsache, daß eine *spontane* Erzeugung von Leben in den Mischungen der einfachen Bausteine – Monomere und Polymere – niemals beobachtet worden ist. Wenn es jedoch einmal zu der Ordnung der Lebenskomplexität gekommen ist, dann kann sie sich – die notwendige Stoffwechselenergie vorausgesetzt – selbst reproduzieren. Ihre Ordnungsreplikation erklärt jedoch nicht die ursprüngliche Entstehung der ersten sinntragenden Codeordnung des Lebens.

Warum deshalb nicht eine Art „magnetisches Feld" postulieren, welches die Materie genauso durchdringt und ordnet, wie es unser eigener Intellekt im Leben tut? Die Monomere und Polymere könnten dann ihre Sequenzen auf eine Art erhalten haben, die der von unserem eigenen Verstand erreichten ähnelt (indem er chemisches und biochemisches Wissen benutzt).

Die Lebenscodierung könnte also in erster Linie auf eine solide thermodynamische Weise gebildet worden sein, und zwar durch die Umwandlung von Denken in die auf Aminosäuren und Polypeptiden beruhende Ordnung und Codesequenzen. Wir wissen, daß ein guter Biochemiker dadurch, daß er seine eigene Stoffwechselenergie in den Dienst seines „Know-how" stellt, genauso Aminosäuren zu Proteinsequenzen ordnen kann wie ein Magnet Eisenfeilspäne zu Mustern. Die Aminosäuren selbst sind in sich unfähig, die Muster und Codesequenzen zu bilden, die ein lebendes Protein besitzt, ebenso wie die Eisenfeilspäne sich nicht von selbst zu dem Muster eines magnetischen Feldes anordnen können.

Intelligenz: ein „Feld"

Wir wissen, welche Art von Organ die Umwandlung von Energie in Planung, codierte Sequenzen und Muster besorgen könnte. Es könnte ähnlich dem Organ sein, das cerebrale Intelligenz entwickelt, welche, wenn sie sich wie die biochemische Intelligenz auf Monomere richtet, diese zu komplexen, biochemisch sinntragenden Codes anordnen kann. Ein guter Biochemiker kann Aminosäuren genauso zu codierten Proteinen wie dem Insulin zusammenfügen, wie ein magnetisches Feld aus Eisenfeilspänen ein Muster aufbaut. Die Aminosäuren selbst sind ebensowenig in der Lage, sich zu den Insulinsequenzen zusammenzufinden, wie die Eisenfeilspäne sich zu dem Muster des magnetischen Feldes anordnen können. Dies bedeutet, daß man über die Art des „Feldes", das man zur Erzeugung eines DNS-Moleküls in erster Linie braucht, Spekulationen anstellen kann. Ein solches „Feld" jedoch einfach deswegen zu verneinen, weil es „metaphysisch" ist? Dieser Gedanke ist sicherlich weit davon entfernt, objektiv zu sein. Es gibt nämlich eine so überwältigende Flut von experimentell gewonnenen Beweisen, daß die erforderliche codierte Ordnung ohne solch ein „Feld" nicht entsteht und — aus guten thermodynamischen Gründen – auch nicht entstehen kann.

Wir wissen bereits, daß das „Feld“, welches wir planendes (teleonomisches) Denken nennen und das auf Kosten von Stoffwechselenergie entsteht, dadurch, daß es von außen her auf die Aminosäuren einwirkt, diese zu den codierten Sequenzen des, sagen wir, Insulins verknüpfen kann — ebenso wie Eisenfeilspäne unter der Wirkung des Magneten reagieren. Aus der Stoffwechselenergie des Kohlehydrat- und Protein-Katabolismus fließt planendes Denken, das man früher für eine einzigartige Eigenschaft des menschlichen Gehirns hielt, heute aber künstlich durch den Menschen in Computern erzeugt werden kann. Dieses planende Denken handelt auf eine ähnliche Art wie das Feld eines Magneten— verknüpft Untereinheiten zu Mustern und Sequenzen. Bemerkenswert ist, daß das magnetische Feld aus der Ferne — von außerhalb der Eisenfeilspäne — einen Ordnungsvorgang vollzieht — ebenso wie auch planendes teleonomisches Know-how von der Ferne an den Aminosäuren arbeitet.

Materialismus und intellektuelle Felder

Warum sollten die Materialisten sich angesichts solcher Fakten wünschen, die Existenz intellektueller „Magnetfelder“ von ihren Postulaten auszuschließen, die aus der „Entfernung“, von außerhalb der dreidimensionalen Natur (und vielleicht auch der Zeit), an der Materie arbeiten und Urquelle der Informationen darstellen, um so die ursprüngliche Entstehung der DNS-Moleküle zu erklären, welche als materielle Suprastruktur (und Infrastruktur) des Lebens erforderlich sind?

Heute ist es unsinnig geworden, solch ein intellektuelles supramaterielles „Feld“ auszuschließen, da wir wissen, daß es dem im menschlichen Gehirn mit Hilfe von Stoffwechselenergie erzeugten intellektuellen Synthesevorhaben gelungen ist, einige der Muster und Sequenzen mit Erfolg zusammenzuknüpfen, welche lebenswichtig erscheinen. *Die Behauptung, das Postulat einer solchen Ordnung durch ein intellektuelles „Feld“ schmecke nach Metaphysik und müsse deshalb zurückgewiesen werden, bedeutet die Behauptung, daß die Codeordnung der Aminosäure bei der Herstellung von, sagen wir, Insulin ebenfalls „metaphysisch“ sei!*

Wir sehen den klaren Beweis für ein solches „Feld“ darin, daß einige der sinntragenden, codierten DNS-Sequenzen des Lebens durch genau dieses Mittel heute experimentell entstehen können. Wir erkennen ebenfalls, daß unserer Erfahrung nach das ursprüngliche „Feld“ bei der Erzeugung der, sagen wir, ersten Insulinsequenzen gewirkt haben könnte. Welche *objektiven wissenschaftlichen Hinderungsgründe* gibt es für diesen Schluß? Ein subjektiver Einwand, an dem die Materialisten keinen Gefallen finden, ist die Vorstellung, daß es irgendeine planende Intelligenz außerhalb der Materie gäbe. Die gesamte Biologie steckt voller Codes, Ordnungen, sinntragender Sequenzen und genetischer Muster, die alle von einer durch ebensolche Felder erzeugten Codierungsordnung Zeugnis ablegen. Es ist eine nackte Tatsache, daß der Widerspruch von seiten der Materialisten durch und durch *subjektiver* Art ist.

Denken und Graue Substanz

Ein materialistischer Naturwissenschaftler könnte nun gegen die obigen Ausführungen einwenden, daß ein derartiges „Feld“ von Intelligenz, wie es das Gehirn des Biochemikers darstellt, von seiner Hirnrinde erzeugt werde und deshalb nicht „metaphysisch“ sei. Derselbe Materialist würde sicherlich zugeben, daß die Graue Substanz sowohl hinsichtlich ihrer Bildung als auch ihrer Funktion von den beinahe unglaublichen Sequenzen und Ordnungen in ihren Neuronen abhängt; diese entstanden nicht – wie wir gesehen haben – endogen in der Materie. Die Neuronensequenzen leiten sich ihrerseits von DNS-Sequenzen ab. Die Folge ist, daß die menschlichen Gedanken selbst, sogar wenn sie völlig von der codierten, sinntragenden Ordnung der Materie hervorgebracht wurden (wir möchten dem nur teilweise zustimmen), immer noch von biochemisch codierten Sequenzen abhängen, *die wir nicht auf die Ordnung der Materie allein zurückführen können.* Wenn es sich so verhält, müssen auch schon die Gedanken des Menschen „metaphysisch“ bedingt sein! Ebenso wie Computer rechnen können als Ergebnis dieser ihrer Sequenzen, welche von der exogenen Intelligenz des Computertechnikers aufgebaut werden, denkt das Gehirn zumindest teilweise als Ergebnis seiner ihm von außen her auferlegten Ordnung und Sequenzen.

Das führt zu einem weiteren Satz: Wer von jenen, die sich auf dem Gebiet der künstlichen Intelligenz auskennen, würde heutzutage die Behauptung aufstellen wollen, daß Intelligenz und planendes Denken völlig durch die Natur des Substrates begrenzt werden, das sie als Grundlage haben? Bei Menschen und Tieren „reitet" das Denken auf Proteinen und Hirnrinden-Substanz. Aber auch bei einigen Computern findet sich die Fähigkeit des Denkens und Rechnens, eine Fähigkeit, die auf völlig unbiologischen Substraten wie Transistoren und thermionischen Röhren, nicht auf biologischem Protein, beruht. *Wenn man beim Denksubstrat anorganische Transistoren gegen organische Proteine austauschen kann, ohne das Wesen der gedanklichen Konzepte zu verändern, dann scheint es absolut keine stichhaltigen wissenschaftlichen Beweise dafür zu geben, rundheraus a priori zu leugnen, daß sich planendes Denken auf Substrate völlig außerhalb der uns vertrauten drei Dimensionen und der Zeit vollziehen könne. Welchen Hinderungsgrund gibt es denn für die Intelligenz, ihr Substrat nicht noch stärker zu wechseln, als wir bereits wissen?*

Denksubstrate

Wenn uns die Weisheit der Heiligen Schrift irgend etwas bedeutet — von der Weisheit des Koran einmal abgesehen —, dann kann begriffliches Denken auf einem „geistigen Leib" beruhen, der aus etwas besteht, das die Materie nach dem Tod und Verfall der Materie, aus der sich das ursprüngliche Substrat der Persönlichkeit zusammensetzte, überschreitet. Für alle jene, die sich ernsthaft mit alten Weisheiten auseinandersetzen wollen (wir wollen gar nicht den Versuch unternehmen, Materialisten zu überzeugen, denn ihre Ohren sind verständlicherweise nach dieser Richtung hin taub), sei folgendes gesagt:

Samuel wurde durch das Medium von Endor von den Toten heraufgebracht und war in der Lage, in seinem transzendenten Zustand Gedanken zu entwickeln und Dinge zu wiederholen, die aus der Erinnerung an die leibliche Zeit in seinem materiellen Körper auf der Erde stammten.[2]

In ähnlicher Weise konnte Jesus Christus nach dem Tode seines materiellen Körpers die Bibel zitieren und anderen ganze Predigten halten, während sowohl er als auch sie sich im „körperlosen" Zustand befanden und so zeigten, daß begriffliche Denkmuster auch nach dem Tode der proteinhaltigen Grauen Substanz existieren können, auf der diese Denkmuster während des Lebens gewöhnlich beruhen.[3]

Ferner – und dies ist nicht für die überzeugten Materialisten bestimmt – versichert uns der Apostel Paulus, daß es so etwas gibt wie einen „geistigen Leib", den Christus für jene bereitet, die ihm dienen und in dem die Persönlichkeit dieser Männer und Frauen leben und wirken wird, nachdem sie ihren physischen materiellen Körper „abgelegt" haben.[4] Wenn wir Paulus ernst nehmen wollen, dann kann dies doch nur bedeuten, daß zumindest das menschliche Denken in der Lage ist zu funktionieren, nachdem es die Materie beiseite geschoben hat, die es heute als Substrat benutzt.

Es gibt keinen stichhaltigen Grund, weswegen die Ordnung eines intellektuellen „Feldes" wie das eines begrifflichen Denkens außerhalb der uns vertrauten drei Dimensionen *a priori* abzulehnen wäre. Die Fülle von Ordnungen und Sequenzen um uns herum verlangten ein solches supramaterielles Urfeld. Könnte ein solches Feld nicht auch manchmal die paranormalen Phänomene erklären, welche viele vertrauenswürdige Wissenschaftler berichtet haben und von denen ich in meinem Buch „The Drug Users" einen kurzen Bericht zu geben versuchte?[5]

Monod und seine Freunde möchten alle metaphysischen Beweise, die aus irgendeiner „wissenschaftlichen Bewertung" des Verhältnisses zwischen Mensch und Universum stammen, *a priori* als „subjektiv" ächten. Dies läuft darauf hinaus, alle jene Beweise für die Existenz einer Kraft oder von Kräften außerhalb der dreidimensionalen Natur aus dem Reich der Naturwissenschaft zu verbannen, welche a) zu Beginn Ordnung in die Materie einbauten und b) von außen her Ordnung auferlegten, um sie zu einem Ordnungsgrad emporzuführen, der das Leben tragen konnte, einen Grad, welchen die sich selbst überlassene Materie niemals spontan erreicht und erreichen kann.

Eine niedrige Ordnungsform erreicht niemals spontan eine höhere Ordnungsform, ebensowenig wie eine physikalische Masse ihre Temperatur relativ in ihrer Umgebung dadurch spontan erhöhen kann, daß sie Energie aus jener Umgebung aufnimmt. (Eine Kühlmaschine, das Resultat planenden Denkens und Handelns, kann dieses Kunststück fertigbringen, aber nicht – spontan!)

Edikte, die von materialistisch eingestellten Wissenschaftlern erlassen werden und besagen, daß nichts Metaphysisches je Einlaß in die wahre Naturwissenschaft finden werde; diese Erlasse ändern die Fakten der Wissenschaft nicht, ganz gleichgültig, wie bedeutend jene Wissenschaftler sein mögen. Tatsächlich scheinen die Materialisten mehr bestrebt zu sein, den *status quo* einer materialistischen Wissenschaft zu stützen als darauf, in wirklich unbekannte Gebiete jenseits der uns bereits vertrauten dreidimensionalen Welt vorzustoßen. Dies ist vollkommen verständlich und typisch für die Establishments aller Zeiten, die zur Behauptung ihrer hart erkämpften Reputation jenen *status quo* aufrechterhalten müssen. Wenn nämlich jemand anderes über den *status quo* hinaus vordringt, dann bleiben die Bewahrer des *status quo*, „auf dem Trockenen sitzen".

1 Jacques Monod, Le Hazard et la Nécessité, aux Editions du Seuil, Paris, 27 rue Jacob, Paris VIe. 1970, S. 11—12

* Mr. Louis Kervran aus Frankreich hat eine Reihe von Büchern über die biologische Umbildung von Elementen geschrieben (Transmutations Naturelles, Transmutations a Faible Energie, Preuves Relatives a l'Existence des Transmutations Biologiques, Transmutations Biologiques en Agronomie und Biological Transmutations, wobei das letzte Werk eine Zusammenfassung und Übersetzung von Kervrans französischen Publikationen ins Englische ist). Er versucht zu beweisen, daß sich im biologischen Organismus Elemente auf Energieniveaus ineinander umwandeln, welche unermeßlich viel niedriger liegen als jene, welche man zu gleicher Umwandlung in Atomzertrümmerungsanlagen braucht.
Falls Mr. Kervran recht hat, stehen wir vor nichts Geringerem als einer großen naturwissenschaftlichen Revolution. Dies würde nämlich bedeuten, daß im Atomkern Energien und Transformationen liegen und für Lebensvorgänge ausnutzbar sind, — etwas, das sich die orthodoxe Naturwissenschaft nicht träumen ließ. Derartige Energien könnten dann dazu verwendet werden, die im Aufbau der Proteine und der DNS beobachtete Ordnung und

Sequentierung zu liefern. Nur das Experiment kann die Richtigkeit der Kervranschen These bestätigen oder widerlegen. Was auch immer daran sein mag, die Haltung der bisherigen Naturwissenschaft richtet sich eindeutig gegen die Auffassung Mr. Kervrans. Die von ihm behaupteten Umwandlungen lassen sich z. B. wie folgt charakterisieren:

$$2\ N_{14} \rightarrow C_{12} + O_{16}$$
$$Na_{23} + O_{16} \rightarrow K_{39} \text{ usw.}$$

2 1. Samuel 28
3 1. Petrus 3, 19
4 1. Korinther 15, 40—44, Joh. 14, 2
5 A. E. Wilder-Smith, The Drug Users, Harold Shaw Publishers, Wheaton, 111, 60187, USA.

Kapitel V

Monods Ansichten über die Teleonomie und ihre Konsequenzen:

Interne und externe Teleonomie

Monod führt an, daß alle Lebewesen ohne Ausnahme Objekte seien, welche ein Projekt besitzen. Zum Beispiel ist eine Eigenschaft aller höheren Tiere einschließlich des Menschen, daß sie Artefakte verfertigen können, welche bestimmten Zwecken dienen und die speziellen Bedürfnisse der Tiere oder der Menschen befriedigen sollen. Die Biene baut ihre Wabe, die Spinne ihr Netz, das Kaninchen (zumindest in seinen Prämyxomatose-Tagen) seinen Bau und der Mensch sein Auto.

Die Summe dieser Attribute oder projektschaffenden Fähigkeiten (Fähigkeit, Artefakte zu planen und anzufertigen) wird als Teleonomie bezeichnet. Nach Monod unterscheidet diese Teleonomie die Lebewesen von allen anderen Strukturen und Systemen, die wir im Universum kennen.

F. J. Ayala qualifiziert den Ausdruck „Teleonomie" mit den Adjektiven „intern" und „extern". Das heißt, die lebenden Organismen besitzen in ihren Genen die innere teleonomische Fähigkeit, welche sie benötigen, um künstliche Gebilde „aus sich selbst heraus" anzufertigen. „Externe" Teleonomie ist nach Ayala ein Charakteristikum der nicht-lebenden Gebilde selbst. Dies bedeutet, daß dem Gebilde von außen her, extern, die Informationen aufgeprägt wurden, welche es benötigt, um ein Vorhaben zu verwirklichen.

Teleonomie ist der Gegenstand von Projekten im allgemeinen. Die innere Teleonomie beschäftigt sich mit dem Projektanfertigen der lebenden Materie, welche die zur Verwirklichung dieser Projekte nötigen Informationen in ihren Genen speichert. Das nicht-lebende Gebilde bekommt die zur Erfüllung eines Planes erforderlichen Informationen von außen her, „extern", aufgeprägt. Diese Informationen werden außerhalb gespeichert. Monod beschäftigt sich nicht mit diesen Unterschieden in der Nomenklatur.

Das Lebewesen besitzt also eine *innere* Teleonomie, und die von ihm hergestellten unbelebten Gebilde zeigen eine *äußere* Teleonomie, die ihnen das Lebewesen bei der Realisierung seines Planes von außen her aufgeprägt hat. Keine unbelebte Struktur besitzt *innere* Teleonomie. Es scheint also offenbar ganz einfach zu sein, das Belebte vom Unbelebten dadurch zu unterscheiden, daß man prüft, ob eine Struktur innere Teleonomie besitzt oder nicht. Wenn das erstere der Fall ist, dann lebt die fragliche Struktur. Wenn man keine innere Teleonomie nachweisen kann, müssen wir annehmen, daß wir es mit toter Materie zu tun haben.

Photoapparat und Auge

Auf den ersten Blick könnte man es sich also ganz einfach vorstellen, mit Hilfe dieses Teleonomie-Tests das Belebte vom Unbelebten zu unterscheiden. Man würde die zur Teleonomie gesammelten Daten in einen Computer füttern, der dann die Antwort auf die Frage auswirft, ob Leben vorhanden ist oder nicht. Monod trifft nun die Feststellung, daß dies in der Praxis nicht so einfach sei. Als Beispiel führt er das Problem des Photoapparates und des biologischen Auges an. Beide besitzen den gemeinsamen Plan, oder, nach Monod, die Teleonomie, Bilder auf einer photographischen Platte oder Retina festzuhalten. In beiden Fällen finden wir eine Linse, Iris, lichtempfindliche Pigmente und Mittel zur Scharfeinstellung.

Für Monod ergibt sich daraus die Frage, wie man eine Untersuchung der Kamera mit dem Ziel vornehmen könnte, um zu zeigen, daß der Bauplan der Kamera wie auch sein Ursprung auf ein Teleonomie besitzendes Objekt zurückzuführen ist, das jedoch nicht aus dem Photoapparat selbst besteht. Die Frage dreht sich also um die Tatsache, daß die Kamera ihre Teleonomie exogen, von außen her, aufgeprägt bekam, wohingegen das Auge in sich selbst seinen Vorrat an Informationen über die eigene Konstruktion und Funktion besaß. Seine Teleonomie liegt in ihm selbst, in gespeicherter Form in den Genen. Dies unterscheidet es klar von der toten Kamera, welche keine Gene besitzt.

Monod hätte nicht so große Schwierigkeiten mit diesem Teleonomieproblem gehabt, wenn er sich zunächst Ayalas Unterscheidung zwischen interner und externer Teleonomie zu eigen gemacht hätte, anstatt alles unter dem Oberbegriff Teleonomie zusammenzuwerfen. Mit Hilfe dieser Unterscheidung hätte ihm sein Computer Auskunft darüber erteilen können, ob eine Struktur lebt oder nicht. Wenn ein Computer nämlich entscheiden könnte, ob die reduzierte Entropie (Ordnung) und Teleonomie durch die in ihr selbst enthaltenen Informationen entstand, oder ob sie – die Entropiereduktion oder Ordnungsvermehrung (um das Projekt einer Kamera auszuführen!) — dadurch bewirkt wurde, daß man sie von außen her auf die den Photoapparat aufbauende Materie aufprägte, dann läßt sich das Problem, ob eine Kamera lebt oder nicht, relativ einfach lösen. Das gleiche gilt für das Auge. Es „entwickelt sich selbst" auf der Grundlage seiner eigenen, endogen gespeicherten genetischen Information und lebt deshalb. Die Kamera lebt sicherlich nicht, sie besitzt keine inneren, gespeicherten Informationen.

Nichtsdestoweniger erheben sich einige Schwierigkeiten, wenn man einmal so extreme Fälle, wie Kamera und Auge, verläßt. So ist es heute z. B. möglich, Maschinen zu konstruieren, die innerlich Informationen speichern und ihre „Vorhaben" auf der Grundlage dieser ihrer endogen gespeicherten, programmierten Informationen entwickeln. Das heißt: Diese Maschinen besitzen eine *innere* Teleonomie, weil sie intern gespeicherte Informationen oder „Gene" besitzen. Auf schachspielende Maschinen würde diese Aussage zutreffen. Ihr Projekt besteht darin, das Schachspiel zu gewinnen, und sie führen dies als Ergebnis ihres endogenen Programms (Information) aus, das im Prinzip ähnlich der Geninformation funktioniert.

Es gibt jedoch einen großen Unterschied. Derartige Maschinen können sich nicht ganz von vorn aus einem einzigen programmierten Bestandteil wie einer einzigen Zelle aufbauen, die alle erforderlichen Entwicklungsinformationen endogen gespeichert enthält. Nach Monods These könnte man jedoch jede Informationen speichernde Maschine als „in gewissem Maße lebend" bezeichnen, da sie aufgrund eigener Informationen eigene Vorhaben entwickelt. Sie kann mit Hilfe endogen gespeicherter Informationen Schachspiele gewinnen.

Eine Unterschlagung

Der eigentliche Grund für die seitenlangen Schwierigkeiten, mit denen man bei der Behandlung der Teleonomie-Frage in Monods „Zufall und Notwendigkeit" zu kämpfen hat, liegt in einer fundamentalen Auslassung, die in Monods gesamtem Denken zu finden ist. Es ist folgende – und es ist wichtig, sie zu erkennen, auch wenn sie zu ihrer Darstellung Raum beansprucht. Sie ist fast generell typisch für materialistisches Denken.

Monod gibt bereitwillig zu, daß die Informationen (für ein Projekt), die von einer exogenen Quelle her der Kamera aufgeprägt werden, extern von einem Organismus kommen, der ein Projekt besitzt, welches das Festhalten von Bildern erfordert. Das heißt, er stimmt folgender Aussage zu: Wenn eine Kamera ein Projekt oder Teleonomie besitzen soll, dann muß die dazu notwendige Information von einem Organismus stammen, der die Kamera braucht, sich aber außerhalb dieser Kamera befindet. *Nach Monod und faktisch allen Materialisten basiert externe Teleonomie also auf einem externen Wesen mit Bedürfnissen, Projekten und „Appetit" nach der Realisierung bestimmter Pläne, welche es dann von außen her der Materie in Form von Artefakten, Kameras usw. aufprägt. Ein Photoapparat mit seiner äußeren Teleonomie läßt sich sinnvoll nur durch das Postulat erklären, daß es eine Intelligenz gibt, die mit seiner Hilfe Bilder festhalten will.* Die den Photoapparat aufbauende Materie besitzt keine endogene „Kamerainformationen". Deshalb werden ihr die Informationen, deren es zur *Verwirklichung dieser „Kamerateleonomie" bedarf*, von außen her durch den Menschen aufgeprägt, der die Materie zu dem Kameramechanismus ordnet.

Die für diese Verwirklichung der Kamerateleonomie erforderlichen Informationen kann man als konzept-begründet bezeichnen, wie schlecht definiert dieses Konzept auch immer sein mag. Das teleonomische Projekt stellt faktisch die Reflexion eines Bedürfnisses, den „Niederschlag“ eines gedanklichen Konzepts dar. Wenngleich man vielleicht nicht das Wort „Denken“ als Ausdruck für das Konzept verwenden sollte, das z. B. hinter einem Spinnennetz steht, wissen wir dennoch, daß etwas einem gedanklichen Vorgang Ähnliches hinter dem Konzept des Spinnennetzes verborgen sein muß. Man darf nämlich nicht vergessen, daß LSD, welches – wie man weiß – das Denken beeinflußt und nicht nur halluzinatorisches Denken, sondern auch die Akzentuierung bestimmter Formen des begrifflichen Denkens hervorruft, ebenfalls das Muster des von einer Spinne gesponnenen Netzes beeinflußt. Es verändert auch die Muskelkontraktionen bestimmter Gastropoden, die unter nervöser Kontrolle stehen. Zweifellos könnte LSD unter geeigneten Umständen auch das hinter einem Kamerakonzept stehende menschliche Denken beeinflussen und so seine projektausführenden Fähigkeiten „modifizieren“. Wenn LSD das menschliche Denken wie auch die Muster von Spinnennetzen und Gastropodenkontraktionen in ähnlicher Weise beeinflußt, dann könnte man vermuten, daß alle drei irgendwie mit Nerven und Denkkonzepten zu tun haben.

Nur an dieser Stelle wird die schon erwähnte Unterschlagung im materialistischen Denken offenbar. *Sie lautet: Wenn man zugeben muß, daß Teleonomie oder Projektherstellung bei Menschen und Tieren ihren Ursprung letztlich in planendem Denken oder etwas diesem Denken Ähnlichem hat, das der Materie aufgeprägt wird, um Materie wie die Kamera zu schaffen – das also imstande ist, ein Projekt dadurch zu realisieren (oder in der Lage, ein Artefakt zu sein oder herzustellen), daß es ihm gespeicherte Informationen zuteilt (äußere Teleonomie) —, warum sollte man dann einen Unterschied machen, wenn man an die Erklärung der inneren Teleonomie der lebenden Dinge selbst stößt? Die äußere Teleonomie (Information) der Kamera entstand als ein gedankliches Projekt und wurde gespeichert, indem sie der Materie von außen her aufgeprägt wurde. Warum sollte der gleiche Informationstyp (Informationen zur Realisierung eines Projekts), der innerlich in Genen gespeichert ist, eine Ausnahme bilden und nicht auch durch irgend etwas ersonnen sein, das planendem Denken ähnelt? Alle Materialisten vertreten die Auffassung, daß das planende Denken oder die Teleonomie, die von außen her auf eine Kamera aufgeprägt wurde, um sie in die Lage zu versetzen, das Projekt des Bildfesthalters zu realisieren, in einem Organismus mit Bedürfnissen, vielleicht Konzeptionen entstand, die ihren Ausdruck in der Kamera als künstlichem Gebilde fanden. Warum sollten Informationen, nur weil sie innen in den Genen und nicht außen gespeichert sind, auf eine andere Art entstanden sein? Informationen sind Informationen und haben ihren Ursprung in gedanklichen Konzepten, ungeachtet dessen, ob sie intern oder extern gespeichert werden.*

Kein Unterschied zwischen innerlich und äußerlich gespeicherter Information

Alle Materialisten stimmen darin überein, daß externe Teleonomie und Informationen, welche nötig sind, um der Materie Informationen aufzuprägen, die sie zu einem künstlichen Gebilde mit einem Plan machen, nicht durch Zufall entstehen können. Faktisch taucht diese extern gespeicherte Information immer dort auf, wo eine Zufallsverteilung der Materie dadurch aufgehoben wird, daß sie als Resultat des von nervöser Lenkung oder Konzeptionen abgeleiteten Denkens eine Anordnung zu Sequenzen erfährt. *Warum sollte es dann, soweit es die Entstehung anbelangt, plötzlich einen Unterschied geben zwischen der in den Genen endogen und intern enthaltenen Information und jener, die der Kamera von außen aufgeprägt wird? Beides sind Informationen und dienen dem gleichen oder einem ähnlichen Zweck, nämlich der Realisierung von Projekten. Die Monods jedoch und faktisch das gesamte biologische „Establishment" bestehen heute darauf, daß – soweit es die innere Teleonomie, die Gene und ihre intern gespeicherten Informationen anbelangt – alle Informationen durch den Zufall im Laufe gewaltiger Zeitspannen gemäß dem Darwin-Postulat entstanden. Wo immer man jedoch extern gespeicherte Informationen findet, die zu nicht-lebenden Artefakten führten, dort räumen sie bereitwillig ein, daß jene Informationen als Ergebnis des „Bedürfnisses", des „Planes" oder „Gedankenkonzepts" eines sich außerhalb be-*

findlichen Organismus entstanden. Wo ist die objektive Logik einer solchen Haltung? Dieses bedeutet Materialismus am Tiefpunkt.

Bei der Information handelt es sich jedoch immer um die gleiche Ware, ungeachtet der Art ihrer *Speicherung*. Information bleibt Information, ob sie nun intern in Codeform in den Genen oder extern in den Teilen einer Kamera gespeichert ist. *Warum nicht folgerichtig zugeben, daß intern gespeicherte, codierte Geninformationen mit ebenso großer Wahrscheinlichkeit spontan entstanden sind wie die Informationen des Artefakts Kamera in den Kamerateilen? Warum sollte die intern gespeicherte Geninformation nicht ebenso wie die extern gespeicherte Information der Kamerateile auf die gleiche Art entstanden sein wie alle Informationen unserer Erfahrung nach entstehen, nämlich als Ergebnis des „Projekts" eines äußeren Organismus?* Ob Informationen nun intern in Genen oder extern in Artefakten, Kamerateilen usw. gespeichert werden, sie sind prinzipiell gleich. Beide Arten sind eben Informationen, beide sind als solche das Ergebnis des Projekts eines externen Organismus, der sie der Materie aufdrückt und so etwas realisiert.

Warum ist der Materialist dann so subjektiv und behauptet, daß die Geninformationen unpersönlich durch Zufall und natürliche Selektion geschaffen wurden, wohingegen Kamera- und andere Artefaktinformationen durch die Annullierung des Zufalls in dem gedanklichen Konzept des Projektes eines exogenen Organismus entstanden? *Wenn ein Kameraartefakt den Wunsch eines Menschen beweist, sein Projekt des Bildeinfangens durch Annullierung des Zufalls bei der Anwendung gedanklicher Konzepte zu verwirklichen, dann beweisen die Geninformationen aller Lebewesen den Wunsch irgendeines anderen ex*ternen Organismus, das Projekt des Aufbaues lebendiger Orga*nismen dadurch zu realisieren, daß er den Zufall in gedanklichen Konzeptionen ebenfalls annulliert. Der Mensch prägt den Kamerateilen von außen her Informationen auf, um sie Bilder festhalten zu lassen, weil er sie braucht. Wir folgern deshalb, daß irgendein anderer „Organismus" den Genen Informationen aufgedrückt hat, weil diese biologische Wesen aufbauen, welche für ein von jenem Organismus ersonnenes Projekt benötigt werden.*

Der einzige Grund, weswegen man sich dieser doch recht offensichtlichen Logik nicht anschließt, liegt – soweit ich sehe – in der Abneigung des Materialisten, die Existenz irgendeines „Organismus" außerhalb des Menschen und der Natur anzuerkennen, der solche Projekte mit interner Informationsspeicherung in den Genen besitzt. Noch einmal: Es schmeckt den Materialisten nicht, die Existenz eines derartigen transzendenten „Organismus" als Vermittler und Quelle von Informationen eingestehen zu müssen. In der Tat kommt eine solche Hypothese der materialistischen Straßensperre der „Metaphysik" gleich und muß deshalb ignoriert oder verächtlich belächelt werden. Nichtsdestoweniger aber muß sich der Materialist heute die Tatsache vor Augen halten, daß weder Verachtung noch Abneigung adäquate oder *objektive* Gründe darstellen, um die offenkundige Tatsache zu leugnen, daß Informationen – ob nun exogen in einer Kamera oder endogen in einem Gen – nicht spontan wie das Kaninchen aus dem Hut des Zauberers entspringen können.

Um die Aussage einmal zu wagen: Die kräftige, andauernde Verleugnung des „Informationsherkunftsproblems" (Leugnung des Gottespostulats) beruht in keiner Weise auf logischen, intellektuellen, sondern, wie es scheint, auf *rein subjektiven Gründen.* Die Materialisten rebellieren lediglich gegen die Vorstellung, daß etwas Göttliches die Geninformationen geliefert hat. Gegen die Vorstellung, daß der Mensch der Kameramaterie Informationen aufprägte, um Bilder festzuhalten, *kann* man sich nicht empören, gegen die Vorstellung jedoch, daß die unendlich komplexeren Informationen, welche den Genen aufgeprägt sind, durch ein uns übergeordnetes Wesen dorthin gelangten, gegen diese Idee *rebellieren die Materialisten in erbitterter, subjektiver und geringschätziger Weise.*

Und doch sind beide Beweise gleichermaßen gut belegt. Es ist gar nicht so, daß die Metaphysik heute unhaltbar sei. Es verhält sich vielmehr so, daß sich die Materialisten in offener Subversion gegen die folgerichtige Idee eines Logos oder Einprägers gedanklicher Konzepte auf die lebende Materie befinden.

Kapitel VI

Einige Einwände — Denkmuster bei niederen Tieren

Man wird nun natürlich einwenden, daß Projekte bei Tieren, niederen Tieren und pflanzlichen Organismen wenig mit den gedanklichen Konzepten höherer Organismen zu tun haben. Es ist klar, daß das untere Ende der Lebensskala fast nur durch sein instinktives Verhalten gekennzeichnet wird. Sogar das relativ hochentwickelte Eichhörnchen „begräbt", in Gefangenschaft gehalten, seine Nüsse auf dem Grunde seines Drahtkäfigs. Und obwohl die Nüsse nach Abschluß dieser „Begräbnishandlung" noch immer voll sichtbar sind, ist das Eichhörnchen offenbar gut mit seiner Arbeit zufrieden. Eine Kuh, die jüngst ein Kalb zur Welt gebracht hat, wird nach ihm brüllen, wenn es ihr fortgenommen wird. Wenn man das Kalb schlachtet, seine Haut mit Heu ausstopft und zu ihr zurückbringt, ist die Kuh gewöhnlich beruhigt. Der Duft stimmt, und das reicht ihr. Wenn das Heu aus einem Schlitz in der Haut des toten Kalbes hervordringt, wird die Kuh behäbig daran kauen. Die Denkmuster der Kuh sind offensichtlich nur sehr unklar definiert, und Reflexe ohne Erkennen spielen eine große Rolle.

Es gibt jedoch Hinweise darauf, daß sogar Insekten trotz der Vorherrschaft nicht-kognitiver Reflexe bei der Erfüllung einiger Projekte komplexe Denkmuster entfalten. Die Untersuchungen Prof. G. P. Baerends[1] über die Grabwespe illustrieren diese Tatsache sehr anschaulich. Das Weibchen der Grabwespe gräbt Löcher in die Erde und legt darin seine Eier ab. Es trägt Raupen hinein, und nach dem Schlüpfen der Jungen versorgt es sie mit Mottenlarven. Nachdem es sie noch einmal mit Raupen versehen hat, verschließt es die Höhle.

Jedes Wespenweibchen muß sich um mehrere Höhlen kümmern, in denen sich verschiedene Entwicklungsstufen befinden, welche deshalb mit verschiedener Nahrung versorgt werden müssen, je nach der Diät, die jede Entwicklungsstufe braucht.

Wenn man den Vorrat einer Bruthöhle experimentell entfernt,

wird ihn das Grabwespenweibchen sofort in der richtigen Weise ersetzen. Sicherlich beweist diese Handlung, daß die Wespe eine Art Konzept darüber hat, was unter außergewöhnlichen Umständen an Nahrung verlangt wird, bei denen ein rein nichtkognitives Reflexmuster inadäquat wäre. Als Antwort auf den Zustand der Versorgungsvorräte der Höhle muß eine Konzeption entstanden sein, die mit dem Zustand und der unterschiedlichen Entwicklungsstufe seiner Bewohner gekoppelt ist. Es deutet nichts darauf hin, daß die Wespe ein Bewußtsein besitzt, das – sagen wir – dem des Menschen ähnelt. Sie verfügt jedoch zweifellos über einen hochentwickelten und komplexen Sinn für ein Diätprojekt, das sie nach unvorhersehbaren Umständen abwandeln kann. Sie besitzt keinen robotergleichen Instinkt, der – wenn er sich selbst überlassen wäre – schwerwiegende Fehler bei der Nahrungszufuhr wohl nicht vermeiden könnte.

Baerends beschreibt noch eine weitere Wespenart, die Klumpen von Lehmkammern baut, ein Ei in jede legt und sie dann versiegelt. Als der Experimentator ein Loch in die Kammer bohrte, etwas, das nach Baerends Aussage beispiellos im Repertoire der Wespe ist —, drückte sie die herausgefallenen Raupen wieder in die Kammer zurück und machte sich dann an die Reparatur des Loches. Dies war eine Arbeit, die sie noch nie zuvor hatte verrichten müssen. Auch dies setzt eine Art vollkommen klaren Konzepts voraus, das sich auf die Bedürfnisse einer unvorhergesehenen Reparaturarbeit bezieht.

Arthur Koestler beschreibt die Untersuchungen, die R. W. E. Hingston[2] über das Verhalten einer anderen Wespenart anstellte. Hingston machte ein Loch in die Wespenkammer, und zwar so, daß es von außen nicht zu reparieren war. Die vorliegende Wespenart arbeitet jedoch nur von der Außenseite her. Als die Wespe nun den angerichteten Schaden sah, arbeitete sie zwei Stunden lang vergeblich an der Reparatur, bis die Nacht hereinbrach und sie heimflog. Hingston berichtet, daß sie am nächsten Tage geradewegs zu der beschädigten Kammer flog und die Reparaturarbeit mit einer neuartigen Methode fortsetzte. Sie untersuchte den Schaden zunächst von außen, dann von innen. Danach entschied sie, die Arbeit auf die einzig mögliche Weise, von innen nämlich, in Angriff zu nehmen. Wenn Intelligenz die Fähigkeit bedeutet, aus Erfahrung zu lernen, dann war jene Wespe intelligent.

Wir wollen das Beispiel der Affen, die Zweige von den Bäumen brechen, um sich davon Stöcke zum Bananenherabschlagen zu machen, nicht anführen. Alle diese Aktivitäten verraten ein hinter den Projekten stehendes gedankliches Konzept. Wie unterscheiden sich diese Denkprozesse prinzipiell von jenen hinter unserer Kamera außer nur durch die Tatsache, daß die letztere ihre Informationen exogen anstatt endogen aufgeprägt besitzt, so daß sie ihr Projekt erfüllen kann? Wenn Wespen, Kaninchen, Spinnen, die ihre Netze weben, und der Mensch, der seine Bücher schreibt, innere Informationen besitzen, die ihnen die Verwirklichung der informationsabhängigen Projekte erlauben, warum sollte da der Materialist behaupten, daß die externe Teleonomie (Information) im Falle der Kamera aus den gedanklichen Konzepten eines Organismus entstand, während die inneren, den Genen aufgeprägten Informationen, die einer Wespe gestatten, auf „Umweltweise" in intelligenter Weise zu reagieren, vollkommen spontan vom Zufall herrühren? Wenn die externe Teleonomie (Information) des Photoapparates durch gedankliche Konzeption entstand, dann trifft dieses mit Sicherheit auch auf die interne Art der Information in Genen zu. Wenn man sagt, die eine habe ihren Ursprung im Willkürspiel des Zufalls, der durch die natürliche Auslese gefiltert wurde, wohingegen die andere (in der Kamera) vom gedanklich kontrollierten Projekt eines menschlichen Gehirns stamme, so ist dieses einfach nicht objektiv. Die in der Kamera enthaltenen Informationen sind unendlich geringer zu bewerten als diejenigen, die ein Gen besitzt, so daß die Geninformationen nur sehr viel unwahrscheinlicher aufgrund des Zufalls entstanden sind als die der Kamera. Photoapparate könnten viel leichter mit Hilfe des Zufalls entstehen, aber tun sie das?

Es gibt noch einen weiteren Punkt, den die Naturwissenschaftler im allgemeinen und die Molekularbiologen im besonderen in Zukunft werden stärker beachten müssen. Wir haben ihn bereits gestreift. Er besagt einfach, daß Informationen Informationen und Codes Codes sind. Sinntragende Sequenzen sind Codes. Alle entstehen durch die Außerkraftsetzung des Zufalls und Anordnung der Materie zugunsten einer spezifischen Ordnung. Dies geschieht auf Kosten lenkender, planender Energie, welche durch die Vermittlung eines Organs wie Gehirn oder Computer wirkt. Informationscodes und Ordnung – ob intern oder extern gespeichert, ist unerheblich – entstehen niemals als Ergebnis eines spontanen, beliebigen Ordnungsprozesses innerhalb der Materie, der nicht auf Kosten spezifischer, lenkender Energie gespeist wurde. Diese richtende Energie handelt durch Beschränkung, nicht aufgrund von Zufallsvorgängen. Der Zufall wird durch Auslese aus dem Zufall außer Kraft gesetzt und neutralisiert.

Wir schließen also daraus, daß Informationen ungeachtet dessen, ob sie extern wie im Falle der Kamera oder intern in den Genen eines Lebewesens gespeichert werden, grundlegend immer die gleiche Ware bleiben, welche aus der gleichen Quelle stammt, die Umkehrung des Zufalls in Ordnung, Sequenzen und Codes durch Energie ermöglicht. Dies ist ein Vorgang, der Codes und Konzeption hervorbringt (nicht die natürliche Auslese), welche Antithesen des Zufalls bilden.

Informationen — direkt und indirekt vermittelt

Die Materie in der ungeformten Gestalt kann diesen Codes und Informationen hervorbringenden Trick nicht ausführen. Man muß ihr die Informationen von außen her zuführen, um das Kunststück der Informationsspeicherung zu bewerkstelligen. Die Informationszufuhr kann direkt geschehen, so, wenn ein Mensch auf die Teile einer Kamera Formen und Informationen aufprägt. Oder sie kann indirekt geschehen, wenn z. B. ein Biochemiker ein DNS-Molekül so ordnet, daß es seinerseits die Synthese bestimmter Aminosäuren zu bestimmten Proteinen steuert. Im Falle der Kamera ist die Information „direkt“, im Falle des die Proteinsynthese lenkenden Gens „um eins versetzt“. In beiden Fällen jedoch ist die Grundware „Information“ in ihrer Art identisch und entsteht aus Konzeption oder Gedanken, die auf Kosten von zufallsbeschränkender Energie verwirklicht werden.

Mit der Behauptung, daß Projekte und deshalb Geninformationen durch Zufall entstehen, begeben sich die naturwissenschaftlichen Materialisten nicht nur auf direkten Kollisionskurs mit den neuen Forschungsergebnissen der Informationstheorie, sondern sie widersprechen zugleich auch offen dem zweiten Hauptsatz der Thermodynamik selbst. Sie setzen ihren naturwissenschaftlichen Materialismus also auf Kosten eines wohlbegründeten wissenschaftlichen Prinzips durch, während sie zugleich mit „belustigter Verachtung" jene Minderheit von Naturwissenschaftlern betrachten, die die Ansicht vertreten, daß die zum Leben heraufführende Ordnung in und an der Materie von Konzepten und Projekten außerhalb der Materie kommen müssen.

Teleonomie und die Eigenschaften der Materie

Was tut Monod anderes, wenn er das Problem der Teleonomie in der belebten wie unbelebten Materie zergliedert? Wenn man „Zufall und Notwendigkeit" sehr genau liest, sieht man, daß er zumindest in einer Sache recht treffend, aber wahrscheinlich unbewußt genau das erklärt, was der an das Übernatürliche glaubende Mensch für wahr hält und schon seit Jahren für wahr gehalten hat. Wir wollen unsere Aufmerksamkeit für einige Augenblicke einer solchen Erklärung zuwenden.

Monod behauptet, daß ein Grund, weswegen die tote Materie weder irgendwelche Projekte noch die zur Verwirklichung von Projekten nötigen Organe schaffen könne, einfach und grundlegend in der Tatsache liege, daß nicht-lebende Materie-Aggregate, wie wir sie „gemeinhin" finden, nicht jenen endogenen Vorrat an Informationen besitzen, welcher erforderlich ist, um die natürlichen, Willkür schaffenden Kräfte der Natur zu überwinden, welche Projektorgane eher zerstören als aufbauen.

Die Kräfte der Natur produzieren eben nicht spontan Kameraverschlüsse, sie zerstörten sie (obgleich derartige Kräfte Muster im Sand hervorrufen können) und formen auch keine codierten Aminosäureketten aus den einzelnen Bestandteilen. Die endogene Information für Kameraverschlüsse findet sich eben nicht in der unbelebten Materie, wie wir sie kennen. Und die zum Insulin führenden Informationen wohnen nicht in den freien Aminosäuren selbst. In den Augenknospenzellen besitzen die Gene jedoch selbst die Informationen, welche nötig sind, um eine Iris oder Zapfen und Stäbchen zu formen. Grundsätzlich wird die durch Geninformation gebildete Iris von Stoffwechselenergie gespeist, so daß beide den spontanen, willkürschaffenden Kräften der Natur entgegenarbeiten, die eine Irisbildung verhindern würden.

Es gibt nur zwei Möglichkeiten, wie – sagen wir – eine Linse entstehen kann. Entweder können ihr die optischen und sonstigen dazu erforderlichen Informationen direkt aus Quellen außerhalb des Linsenmaterials, das heißt von außerhalb der Linse, zugeführt werden. So verfährt der Linsenschleifer, der seinen Linsenentwurf dem Glas- oder Plastikmaterial seiner nicht-lebenden Linse extern und direkt aufprägt. Die Informationen, deren es zur Herstellung der optischen Eigenschaften einer Linse bedurfte, waren nicht von Anfang an in der Linse, sondern in dem Gehirn des Linsenschleifers gespeichert. Oder die Linse kann anhand von Informationen konstruiert werden, die in der Linse selbst gespeichert sind, wie es bei jeder bisher gebildeten biologischen Linse der Fall war.

Wir müssen uns unbedingt klarmachen, daß die planenden Projektinformationen, welche zur Verwirklichung beider Linsenprojekte (biologisch und nicht-biologisch) erforderlich sind, von den optischen Gesetzen, die dabei eine Rolle spielen, her gesehen grundsätzlich gleich sind, ob nun die Linsenkonstruktion durch extern oder intern gespeicherte Informationen und Teleonomie durchgeführt und gesteuert wird. Der Hauptunterschied liegt darin, daß die tote Linse kein Mittel besitzt, die zur Schaffung und Erhaltung ihrer optischen Eigenschaften notwendigen Informationen zu speichern, während die lebende Linse zu beidem in der Lage ist.

Die obigen Fakten lassen folgende Punkte deutlich werden: Erstens müssen die zur Konstruktion einer nicht-lebenden Linse, eines nicht-lebenden Artefakts also, erforderlichen Informationen viel geringer sein als jene, welche zum Aufbau einer biologischen, d. h. lebenden, auf interner Teleonomie basierenden Linse nötig sind. Die für das lebende Auge zur Verfügung stehenden Informationen müssen ursprünglich in einer einzigen befruchteten Zygote gelegen haben, eine Tatsache, die ganz beträchtliche Informationsspeicherungsprobleme in sich birgt. Der Platz, welcher einer so ungeheuerlichen Menge codierter Informationen zur Verfügung steht, ist fast unendlich klein; das stellt so etwas wie den Alptraum eines Informationstheoretikers dar.

Zweitens muß die Zygote auch die zur *Erhaltung und Wiederherstellung* einer lebenden Linse benötigten Informationen von Anfang an enthalten haben. Die tote Linse hat keine Erhaltungs- oder Reparaturprobleme, wohingegen die lebende Linse sicherlich damit fertig wird. So müssen also Informationen über Erhaltung wie auch Bildung und Wiederherstellung in die Gene der ursprünglichen Zygote hineingespeichert werden, die die lebende Linse erzeugen soll. Die nicht-biologische Linse hat einen Raum von der Größe des Gehirns eines Optikers zur Verfügung, um darin Informationen über die Optik zu speichern, so daß die Raumprobleme in diesem Falle nicht so schwierig zu lösen sind.

Wir sehen, wie Augen und andere Organe so oft reibungslos auf biologischem Wege erzeugt werden, daß wir darüber die Informationsprobleme vergessen, die gelöst werden mußten, bevor eine einzige Zygote entstanden war, die einen einzigen lebenden Organismus oder seine Augen bilden konnte. Denken Sie jedoch an Ihre eigene Reaktion, wenn Ihnen die Aufgabe gestellt würde, auf einem Raum von wenigen Mikron Durchmesser einen umfassenden Code zu speichern, der all jene Informationen enthält, welche nötig sind, um einen vollständigen menschlichen Körper einschließlich seiner Augen herzustellen und zu erhalten. Wie würden Sie an die Planung eines solchen Systems gehen? Dann denken Sie noch daran, daß es seine Gesamtenergie zur Überwindung der natürlichen Willkürkräfte aus Gemüse, Fett und Proteinen beziehen muß und daß die dazu erforderliche Energiegewinnung ohne Laborhilfsmittel bei einer Temperatur geschehen muß, welche um einige Grade über der Zimmertemperatur liegt. Wenn uns eine Firma bitten sollte, ein solches Projekt durchzuführen, würden wir eine solche Firma wahrscheinlich für mehr als schizophren halten. Die Natur bewerkstelligt dies jedoch jeden Tag in uns und um uns herum ohne viel Aufhebens und sicherlich ohne Verwirrung.

Es taucht also die Frage auf, wie die tote Materie anfänglich jene gewaltige Menge endogen codierter Informationen erworben hat, die sie benötigt, um den willkürschaffenden Kräften der Natur entgegenzuwirken und die vielfältigen Projekte lebender Zellen zu schaffen? Wie konnte die Natur, nachdem sie zunächst diese Informationen erhalten hatte (im Gegensatz zu den Zufallsprinzipien der Evolution wissen wir heute, daß zur Konstruktion jeder Maschine *zuerst* die Informationen erworben und danach verwirklicht werden), dann daran gegangen sein, ihre Informationsspeicherungssysteme so zu verkleinern, daß ein ganzer menschlicher Körper mit seinen Millionen von projektenthaltenden Zellen in einem einzigen Spermium und einer einzigen Eizelle enthalten war? *Die Finesse dieser Information, ihrer Speicherung, Verpackung auf kleinstem Raum und Erschließung ist eine so offensichtliche Meisterleistung höchster Technik und Intelligenz, daß unsere gegenwärtige menschliche Technik und Intelligenz vergleichsweise primitiv erscheinen.*

Wie kommt es denn angesichts obiger Fakten, die allen Molekularbiologen bekannt sind, daß ernsthafte Naturwissenschaftler das Problem des Lebens, seines Ursprungs und seiner Erhaltung mit einem Achselzucken dem Zufall zuschreiben? Wir wissen, daß Natur und Zufall zu Willkür, nicht zu Spezialisierung führen. In der lebenden Linse haben wir den Höhepunkt der Spezialisierung (Herabsetzung der Willkür). Sogar Darwin sagte einmal sinngemäß, daß ihm das menschliche Auge zuweilen Alpträume bereite, wenn er versuche, es auf den Zufall zurückzuführen. Wenn man behauptet, die natürliche Auslese habe den Zufall bearbeitet, um das spezialisierte Auge hervorzubringen, dann stellt das ungefähr das gleiche dar wie die Aussage, das Automobil und sein Zündsystem seien grundsätzlich vom Zufall (Willkür) geschaffen, während der selektive Druck des Käufermarktes die restliche Spezialisierung bewerkstelligte.[3] Niemand, der bei klarem Verstand ist, würde diese Geschichte abnehmen. Offensichtlich haben die aus dem Gehirn und vom Reißbrett des menschlichen Technikers stammenden Informationen das elektronische Zündsystem von heute hervorgebracht, und der Zufall, der durch den selektiven Druck des Käufermarktes aussortierte, spielte in der Tat eine sehr untergeordnete Rolle irgendwo am Ende der Geschichte.

1 G. P. Baerends, „Fortpflanzungsverhalten und Orientierung der Grabwespe“ Ammorphila campestris. Jur. Tijd. vor Entom. 84, 71—275, 1941, zitiert nach Arthur Koestler, The Ghost in the Machine, Pan Books Ltd., London, 1967, S. 129

2 R. W. Hingston, J. Bombay Nat. Hist. Soc. 31, 1926—1927, zitiert nach The Ghost in the Machine, Arthur Koestler, Pan Books Ltd., London, 1967, S. 129

3 Vgl. mein Buch: Herkunft und Zukunft des Menschen. Hänssler-Verlag, Neuhausen-Stuttgart 1972, S. 203—209

Kapitel VII

Zufall, Auslese und Simulierung

Wir wollen uns wieder den Aussagen Monods und seiner Freunde zuwenden. Sie behaupten, daß Zufallsreaktion die gewaltige Menge an „Roh“-Informationen hervorbrachte, die zur Genfunktion erforderlich sind, und daß danach die Rolle der natürlichen Selektion einsetzte. Dies besagt im Grunde, daß die Willkür schaffenden Zufallskräfte der Natur den Willkür schaffenden Zufallskräften der Natur entgegenarbeiten, um Ordnungsmengen und Informationen zu schaffen, die dann von der natürlichen Auslese bearbeitet werden. Mit anderen Worten: Der Zufall kehrt unter dem Druck der natürlichen Auslese seine klassische, Willkür verbreitende Rolle um und wird zum Erzeuger einer Verminderung von Willkür, das heißt, von endogener Information und Teleonomie. Wir sollen also glauben, daß ein von der natürlichen Auslese bearbeiteter und selektierter Zufall Informationen schuf und dann endogen speicherte, um innere Teleonomie zu erzeugen.

Man will uns grundsätzlich davon überzeugen, daß die natürliche Auslese den Zufall zur Neutralisierung dieses Zufalls bearbeitete, gerade so wie *Denken* auf Zufall wirkt, um in der Richtungslosigkeit der Willkür selektiv Richtung zu schaffen. Denken nämlich *ist* selektiv und erzeugt Richtung und Ordnung aus Richtungslosigkeit und Unordnung. *Nach dem darwinistischen Schema ersetzt also die natürliche Auslese das Denken bei der Selektion von Ordnung aus Nicht-Ordnung, um so Informationen zu erzeugen. Können wir diesen Standpunkt akzeptieren?*

Die natürliche Auslese ersetzt Auslese durch Denken

Das Denken ist offensichtlich ein selektiver, richtender Prozeß. Das trifft auch für die natürliche Auslese zu. Was unterscheidet nun diese beiden Vorgänge des Denkens und der natürlichen Auslese? Sowohl Gehirn als auch Computer funktionieren durch

Auswahlprozesse. Beide stellen Siebe dar. Auch die natürliche Auslese stellt man sich als eine Art Sieb vor, das nützliche Eigenschaften von weniger nützlichen aussortiert, so daß Denken eine Art „natürlicher“ Auslese darstellt. Die Frage besteht nun darin, ob wir bei der Erzeugung der biologischen Vielfalt die darwinistische natürliche Auslese mit der gedanklichen Auslese so gleichsetzen können, wie die Materialisten fordern. Wir werden sehen.

Die natürliche Auslese arbeitet angeblich so, *daß sie experimentell jede Zufallsreaktion, -mutation und -kombination in der Natur tatsächlich durchprobiert und dann jene, welche beim „Kampf ums Dasein“ nicht mithalten können, aussterben läßt.* Dies ist eine praktisch orientierte, experimentelle Selektionsart. Grundsätzlich handelt es sich also um einen praktischen „Ausprobier“-Mechanismus des Fortschritts. Als solcher kann er nicht umhin, sehr viel Material zu verbrauchen und gegenüber der Mehrheit der von dieser Art „experimentellen Denkens“ betroffenen Individuen und Organismen sehr grausam zu sein.

Wenn wir auf der anderen Seite jedoch planendes Denken als Grundlage der Vielfalt, Informationen und Ordnung annehmen, dann haben wir einen Selektionsprozeß, der in der Lage ist, *das gesamte biologische Experiment zu simulieren,* ohne es tatsächlich in der Praxis materiell realisieren zu müssen. *Planendes Denken ist also grundsätzlich simulativ in seiner Art.* Es ähnelt einem Computer, der durch Simulierung alle die verschiedenen Kombinationen, die bei einem Autounfall passieren können, durchprobieren und das Ergebnis jeder Kombination aufzeigen kann, ohne sich mit dem realen Unfall *in natura* befassen zu müssen. Diese simulative Selektionsmethode verhält sich natürlich gegenüber den betroffenen Einheiten sehr viel weniger grausam, und sie ist auch nicht so verschwenderisch. Sie funktioniert darüber hinaus — eine äußerst wichtige Überlegung — viel schneller als die langsame „Ausprobier“-Methode der natürlichen Auslese.

Vom Standpunkt des Wirkungsgrades her ist die Simulierungs-Methode des planenden Denkens zur Produktion und Selektion der Informationen für die innere Teleonomie ungeheuer viel schneller als die natürliche Selektionsmethode, weil die erste simulativ arbeitet, die zweite dagegen nicht. Welche sollen wir uns bei der Erklärung des Aufbaus und Planes der Lebewesen zu eigen machen? Beide sind selektiv. Beide beseitigen die Willkür verbreitenden Konsequenzen des Zufalls.

Die Antwort auf die von uns zu bevorzugende Methode wird klar, wenn wir uns in die Lage eines Planungsingenieurs versetzen, der zur Konstruktion einer selbstreplizierenden, sich selbst erhaltenden und reparierenden, biologischen Maschine benötigt wird. Wir nehmen an, daß die Elemente, welche der Planungsingenieur zur Konstruktion seiner biologischen Einheit zur Verfügung hat, die gleichen sind wie jene, aus denen wir selbst aufgebaut sind, und fragen uns nun, welche Möglichkeiten ihm offenstehen?

Er hat seine Aminosäuren, Phospate und andere Mineralsalze zur Hand, um damit seine Experimente zur chemischen Evolution durchzuführen. Wie kann er seine Aminosäuren durch den Prozeß der natürlichen Auslese die korrekte Art von Polypeptiden auswählen lassen, die er später zur Konstruktion von, sagen wir, Gehirnproteinen verwenden will? Die praktisch einzige Hoffnung auf diesem Gebiet besteht darin, daß die gewünschte Verbindung in chemischer Hinsicht stabiler ist als die unerwünschten Verbindungen. In der Praxis ist dies jedoch oft nicht der Fall, denn Gehirnproteine und -protoplasma sind ganz allgemein bei weitem nicht so stabil wie die Polypeptiden, aus denen sie aufgebaut sind.

Eine auf der höheren chemischen Stabilität basierende Methode der natürlichen Auslese bei der chemischen Evolution ist also wenig glaubwürdig. Welche anderen Möglichkeiten stehen noch offen, um biologische Einheiten aus einfachen organischen Substanzen aufzubauen?

Chemische Simulierung, Selektion und Ursprung der Arten

Das Leben in seiner jetzigen Form hängt von gespeicherten chemischen Informationen ab. Das heißt, es beruht auf Informationen, die als chemischer Code gespeichert wurden. *Die chemische*

Codierung, die verwendet wird, um in einem Gen die Synthese von Neuronenprotein zu verschlüsseln, hat – chemisch gesprochen – wenig Ähnlichkeit mit der Chemie des Proteins selbst. Unsere Gene ähneln nicht in irgendeiner leicht erkennbaren Weise den Genprodukten, sagen wir, Augen, Ohren, Hirnen, Beinen, Mägen und Armen, die sie verschlüsseln. Das heißt, die in den Genen gespeicherten Informationen für Beine, Mägen und Arme haben – chemisch gesprochen – wenig Ähnlichkeit mit den tatsächlichen Organen, welche wir als Arme, Beine oder Mägen erkennen.

Die *geschriebene* Seite eines Gedichtes, das heißt, *die Codeform eines Gedichtes,* ähnelt nicht dem *Ton* des tatsächlichen Gedichtes, wenn es entschlüsselt und in die menschliche Stimme gekleidet wird, dem *gesprochenen* Gedicht. Der Code unterscheidet sich von dem tatsächlichen Gegenstand, welchen er verschlüsselt. Die geschriebenen Informationen ähneln nicht sehr dem Gegenstand, welchen sie verschlüsseln, dem *tatsächlich* gesprochenen Gedicht.

Die Informationen für Arme, Beine und Mägen sind extrem stark verschlüsselt und erinnern beim Anschauen nicht im geringsten an Arme, Beine oder Mägen. Darüber hinaus ist die Information, codierte Information, nur in ihrer tatsächlich dechiffrierten Form – als Arme, Beine oder Mägen – *nützlich.* Die Gene an sich besitzen keinen großen Wert. Das heißt, das gesamte biologische Codierungssystem ist nicht das biologische System, das einmal sein wird, sondern es ist ein *simuliertes System.* Der genetische Code *simuliert* mit einem unglaublichen Grad an Finesse die später zu entwickelnden biologischen Organismen. Die chemisch codierte Geninformation simuliert die chemische Synthese im Code, bevor die tatsächliche Synthese der von ihr simulierten biologischen Einheit (Auge, Arm, Magen) faktisch vollzogen wird. In der Tat *simuliert* der genetische Code Hirn, Arm und Magen in etwa, wie die „Hieroglyphen" auf einem Stück Papier ein Gedicht oder die *„Kleine Nachtmusik"* simulieren.

Wir meinen, daß die Antwort auf unsere Frage, welche Methode verwendet wurde, welches Selektionssystem den Ursprung des Lebens und die Erzeugung der Artenvielfalt beherrschte – das von Darwin vorgeschlagene praktische System, das aus der „Ausprobier"-Methode im Verein mit der natürlichen Auslese besteht, *oder* die simulierte Informationsmethode planenden Denkens —, nun klar wird.

Die Biologie hat sich offensichtlich der zweiten Möglichkeit bedient, der des Denkens selbst; *denn Denken ist faktisch eine Art simulativen Prozesses, welcher sich im psychischen Raum zuträgt, bevor das tatsächliche äußere „Ausprobier"-Experiment erfolgt. Die Biologie platzt sozusagen vor Codes und Simulierungen. Vorgeformte simulierte Informationen begegnen uns auf Schritt und Tritt. Das bedeutet in Wirklichkeit eine andere Form der Aussage, daß uns überall Denken begegnet und kein blindes, nicht-codiertes „Ausprobieren". Denken nämlich heißt Simulierung äußerer Ereignisse im psychischen Raum selbst, gefolgt von Selektion.*

Immer wenn wir ein Gen untersuchen, das mit Hilfe von „um eins verschobenen, simulierten Informationen" z. B. ein Auge erzeugt, *sehen wir in Wirklichkeit eine Art des planenden Denkens am Werk, und kein „Ausprobieren" nach darwinistischer Vorstellung.* Die simulierte Informationsspeicherung des Gens läßt die Frage laut werden, wie die natürliche Auslese jemals den genetischen Code erfinden konnte, *denn dieser stellt faktisch chemisches Denken (chemische Simulation) dar.* Wie konnte die natürliche Selektion den Aufbau eines simulierten Codes erfinden, der in sich nicht in direkter Beziehung zu richtigen Mägen, Armen oder Beinen steht? Wie konnte der Zufall jemals irgendein System der simulierten Informationsspeicherung, -übertragung und -erschließung hervorbringen? Wir behaupten, daß kein von der Siebwirkung der natürlichen Auslese gefolgter, willkürlicher „Ausprobiermechanismus" jemals irgendeinen simulativen genetischen Informationscode erfunden haben konnte, der so weit von einer Ähnlichkeit mit seinen Endprodukten (Arme, Beine, Mägen) entfernt ist. *Die natürliche Auslese arbeitet nämlich nicht am Code selbst, sondern an seinen Endprodukten.* Es stellt ein biologisches Dogma dar, daß natürliche, selektive Veränderungen, die auf den Einfluß der Umgebung auf den Organismus zurückgehen, *die ursprünglichen Codemechanismen nicht erreichen.* Wie konnte die natürliche

Auslese also den Code beeinflussen? Dies stellt die Grundlage der Lamarckschen Ketzerei dar. Die Gestalt des Gens für das Auge sieht dem Auge selbst in keiner Weise ähnlich, ebensowenig wie das SOS-Zeichen des Morsecodes der Katastrophensituation des Schiffes ähnelt, das auf stürmischer See auf eine Mine gelaufen ist. Und doch übermittelt die SOS-Botschaft allen jenen, die den Morsecode lesen können, die katastrophale Lage, auch wenn die die Botschaft übermittelnden Punkte und Striche keinerlei Ähnlichkeit mit explodierenden Minen oder brüllenden Wogen und heulendem Sturm besitzen.

Die Computersimulierung eines Flugzeugunglücks hat nicht die geringste Ähnlichkeit mit dem Absturz und Explosionsknall einer verunglückten Maschine. Und doch *simuliert* das eine das andere hinsichtlich der Informationen.

Der springende Punkt liegt darin, daß die simulative Methode der gedanklich planende Mechanismus zur Erreichung und Speicherung von Informationen *ohne* die „Ausprobier"-Methode der natürlichen Auslese *ist.* Die einzige Möglichkeit, die uns also für die Erklärung des Ursprungs der Simulations- und Codierungssysteme in der Biologie übrigbleibt, besteht in der Annahme, daß planendes Denken und Simulierung hinter ihnen steht. *Wir werden also dazu gezwungen, den simulativen Codemechanismus, der ein gedanklicher Mechanismus ist, als Quelle der Informationen mit ihrer Speicherung hinter dem genetischen Code zu akzeptieren, nicht aber die „Ausprobier"-Methode.* Eine einzige hervorstechende Tatsache – die Tatsache, daß in der Biologie bevorzugt Isomere gebildet werden, nicht optische Mischungen (Razemate) – beweist, daß die „Ausprobier"-Methode wenig Platz in der funktionellen Biologie hat, die sich immer auf saubere simulative Informationen gründet.

Alte Denkweisen und Monod

Auch an dieser Stelle scheint derjenige, welcher an eine übernatürliche Erklärung des Lebens und des Belebten glaubt, der objektiven Wahrheit viel näher zu kommen als der Materialist. Die übernatürliche Sicht muß nämlich nicht den Anachronismus zu Hilfe rufen, daß der Zufall Informationen und Simulationen (= Denken) hervorgebracht habe. Auch muß man bei dieser Auffassung nicht glauben, daß Zufall und natürliche Auslese – die letztere völlig planungslos — die Codesimulierungen und Informationsspeicherung und -erschließung bewirkte, welche geplant sind. Ein Supranaturalist muß sich nicht zu dem Glauben zwingen, daß die beinahe unglaublich komplexe Teleonomie und Codierung, welche die Biologie charakterisiert, ursprünglich der Materie in willkürlicher Form anhaftet, die der Zufall nur durch nicht-planende, natürliche Auslese aussortieren mußte, welche zunächst in der Simulierung des genetischen Code-Konzepts resultierte. So vieles in der Natur spricht von Teleonomie, Projekten, Konzepten und simulativer Codierung, wie auch Monod selbst zugibt.

Materie als Substrat, nicht als Quelle genetischer Codierung

Es gibt noch eine weitere Konsequenz der Monodschen Ausführungen über die Teleonomie, denen wir uns an diesem Punkt zuwenden müssen. Die Materie kann die Prägung entweder intern oder extern gespeicherter Informationen für die Teleonomie in einer Weise *tragen*, die recht ähnlich derjenigen ist, in der Papier den Abdruck der Druckerschwärze trägt. Die *Aussage* dieses Buches jedoch liegt weder im Papier noch in der für die Typen dieses Buches verwendeten Druckerschwärze. Sie liegt in den *Alphabetsequenzen*, die den wirklich entscheidenden Anteil an der Übermittlung der Buchaussage darstellen. Und diese Sequenzen könnte man entweder auf Papier, Sand oder sogar auf Magnetband prägen, ohne daß es zu einem Verlust an Informationswert käme. Weder Papier noch Druckerschwärze noch Magnetband *entwickeln* jemals die Ideen oder Konzepte hinter den Sequenzsymbolen, und nicht die rein materiellen Zeichen auf dem Magnetband sind entscheidend, es sind die Sequenzen in oder auf dem jeweiligen Medium, welche ihre Botschaft ausmachen. Es ist deshalb der selektive gedankliche Gehalt der hinter einem Buch oder einem Organismus stehenden simulativen Sequenzen, der von Wichtigkeit ist. Vorheriges Nachdenken erübrigt also die Notwendigkeit, jene Art von „Ausprobier"-Experiment wirklich durchzuführen, welches die Grundlage der natürlichen Auslese darstellt. Es arbeitet auf der Grundlage einer vorherigen Simulierung des tatsächlichen materiellen Experiments in dem nicht materiellen psychischen Raum des codierten Konzepts, während die natürliche Auslese nach der viel groberen „Ausprobier"-Methode arbeitet. Sie muß die Millionen von zufallsbedingten Experimenten tatsächlich physisch ausführen und danach die Mehrheit der Experimentalergebnisse als im wirklichen Leben nicht wettbewerbsfähig nacheinander eliminieren.

An dieser Stelle müssen wir folgendes festhalten: Die Natur zeigt in ihren Fossilien und sonstigen Denkmälern keine Anzeichen dafür, daß sie die Millionen von Experimenten auch tatsächlich durchgeführt hat, welche die Ausprobier-Methode der Deutung fordert, die die Artenvielfalt mit der natürlichen Auslese begründen will. Auf der anderen Seite zeigen Natur und ihre Fossilbeweise in der Tat jene begrenzten Linien der Variation, welche man leichter mit der planenden Denkmethode zur Erklärung der Auswahl begründen könnte. Viele Wissenschaftler haben darauf hingewiesen, daß es im Universum nicht einmal genug Atome gäbe, um all die möglichen biologischen „Ausprobier"-Experimente durchzuführen.

Miniaturisierung

Wir müssen noch einen weiteren Punkt bedenken, bevor wir dieses Gebiet verlassen. Das Gehirn stellt – wie schon bemerkt – die komplexeste Struktur des ganzen Universums dar. Es ist dabei der bei weitem vielseitigste, sparsamste und zugleich kompakteste aller bekannten Computer. Sein Brennstoffbedarf ist, gemessen an seinem Ausstoß, der denkbar bescheidenste; es wird mit Gemüsen, Fetten und Proteinen betrieben. Diese höchst kompakte und komplexe Struktur wird allein auf der Grundlage von codierten Informationen gebildet und erhalten, die in einem Spermium und einer Eizelle gespeichert sind. Man kann sich schwerlich auch nur eine schwache Vorstellung von dem phantastischen Grad der Informationsspeicherung und -erschließung machen, die in der Keimzelle herrscht.

Es ist natürlich klar, daß der Grad der Informationskomplexität des ausgebildeten menschlichen Gehirns von der Komplexität des genetischen, simulativen, planenden Informationsspeicherungs- und -erschließungssystems, das es aufbaute, zumindest erreicht werden muß. Wahrscheinlich wird bei der Informationsübertragung vom Gen zu seiner Verwirklichung in dem vollendeten Produkt, das wir das menschliche Gehirn nennen, einiges an Komplexität verlorengehen. *Das Gen kann also sogar noch komplexer und beinahe unendlich kompakter als das von ihm gebildete Gehirn sein.* Wenn dieses zutrifft, sollten wir unsere weiter oben getroffene Feststellung dahingehend abändern, daß das komplexeste Organ des gesamten bekannten Universums nicht wirklich das menschliche Gehirn, sondern das Informationsspeicherungs- und Erschließungssystem ist, das es aufbaute. In diesem Falle übertreffen das Gen und die Keimzelle, die es einschließt, in ihrer Komplexität alle bekannten Strukturen des ganzen Universums.

Wenn die obige Behauptung zutrifft und die Komplexität irgendeiner sinntragenden Codesequenz ein Maß für den hinter dem Code verborgenen selektiven Denkprozeß ist, wie hoch – so kann man wohl fragen – ist der Grad der „Denkselektivität" (vielleicht können wir Intelligenz schreiben, ohne uns vom Gemeinten allzusehr zu entfernen), der hinter dem menschlichen Gehirn und seinen Keimzellen und Genen steht? Sicherlich hat er unvergleichlich viel höher zu sein als alles, das wir bis jetzt an biologischen Hirnen und Genen kennen? Offenbar muß die Quelle der Informationen, sowohl für das unglaublich komplexe Gehirn als auch seine hoch komplexen Gene, sogar noch komplexer als die Schöpfung sein, welche diese Informationsquelle schuf. Der Schöpfer muß nämlich unendlich komplexer sein als die beinahe unendlich komplexe menschliche Keimzelle, die er ersann.

Wir gelangen so zu der in Römer 1, 19–20 vertretenen Ansicht, die uns versichert, daß das, was man vom Schöpfer wissen muß (wie z. B. Informationen, die zur Konstruktion eines Gehirns und seiner Informationsspeicherung benötigt werden), dadurch demonstriert wird, daß man die sichtbaren Formen seiner Aktivität sorgfältig ansieht, nämlich die Schöpfung selbst in der Form von Gehirnen, die durch Gene aufgebaut werden, und in ihrer Erhaltung.

„Gottes unsichtbares Wesen, das ist seine ewige Kraft und Gottheit, wird ersehen, so man des wahrnimmt, an den Werken, nämlich an der Schöpfung der Welt."

Der Schreiber des Römerbriefs zieht dann einen sehr wichtigen Schluß daraus. Er stellt ganz kategorisch fest: Wenn die Menschen so viel von des Schöpfers Weisheit und Intelligenz in der gebildeten Schöpfung um sich herum sehen, ohne ihm dankbar zu sein, daß er sich so kundgetan hat, dann wird sie derselbe Schöpfer, der gerade die Denkfähigkeit des Menschen schuf, dazu bestimmen, hinfort nicht mehr denken zu können („sie sind in ihrem Dichten eitel geworden") und sie in „ihrer Herzen Gelüste, in Unreinigkeit" dahingeben. Mit anderen Worten: Unser Schöpfer gab uns die Fähigkeit logischen Denkens mit der Absicht, sie logisch anzuwenden, um ihn damit kennenzulernen. Die Logik, die er als unser Schöpfer von uns entwickelt sehen möchte, ist diejenige, die schließt, daß seine Denkfähigkeit unendlich größer als unsere ist, wenn sie sieht, wie die selektive Art simulativen Denkens das komplexeste Gebilde des gesamten Universums schuf; daß sie an solch einem Schöpfer Interesse fände und ihm dankbar sein sollte und müßte. Mit anderen Worten: Nachdem er uns mit dem komplexesten Denkapparat ausgestattet hat, den die Welt kennt, erwartet er von uns, daß wir ihn dazu verwenden, das große Geheimnis allen Lebens und Seins, nämlich ihn, kennenzulernen und zu lieben.

Die Konsequenzen einer Botschaft

Wie wir bereits früher ausführten, besitzen Sandmoleküle in sich keine Botschaft. Sie können jedoch eine Botschaft tragen, wenn sie auf ihnen von jemandem eingeschrieben ist, der das Denkprojekt besitzt, einen Satz zu schreiben.

Zufallskräfte, die den Sand bearbeiten, können keine Botschaft formulieren. Sie können jedoch eine gegebene Botschaft auslöschen. Zufallskräfte können die Botschaft „John liebt Mary" noch nicht einmal umschreiben (modifizieren) in „John heiratete Mary“, selbst wenn jenes Glück die vollkommen natürliche Konsequenz der ersten Botschaft sein könnte. Zufallskräfte können eine Botschaft sicherlich insoweit verändern, als sie sie *teilweise zerstören.* Dies gilt nicht nur für Botschaften im Sand, sondern auch für genetische Botschaften. Mutationen können sich ereignen und ereignen sich auch tatsächlich. Aber die Zufallskräfte der Mutation haben unseres Wissens noch nie eine *neue Botschaft* oder einen neuen „Satz“ hervorgebracht, wie z. B. die Informationen, welche zur Herstellung eines völlig neuen Organs für einen bestimmten Organismus erforderlich sind – oder von „John *heiratet*e Mary“.

Wir wollen für einen Augenblick bei „John heiratete Mary“ verweilen. Das ist die logische Folgerung aus der ersten Botschaft „John liebt Mary“. „John liebt Mary“ ist ein konventioneller Code, um eine glückliche Beziehung zwischen einem Jungen und einem Mädchen zu bezeichnen. Da es sich um einen Code handelt, vermittelt er eine Botschaft. Eine Botschaft verlangt oft auch eine Antwort. In der Tat, wenn überhaupt keine Antwort möglich ist, wird eine Botschaft oft sinnlos. *Das Gehirn ist die natürliche Antwort auf die codierten Informationen der Gene, die die Hirnentwicklung steuern. Ohne Gehirn würde die Komplexität der Informationen in den Gehirngenen sinnlose, komplexe DNS-Chemie darstellen.*

Haben wir uns unter diesen Voraussetzungen jemals die Tatsache klargemacht, daß Codes und die Antworten auf Codes, Gehirne und Gene, die Gehirne planen, für die *Genese* beide die Tätigkeit von Projekten oder Teleonomie verlangen, das heißt, von Gedanken und Konzepten *außerhalb* des Codes und seiner Antwort, also sowohl außerhalb des Gehirns als auch der für die Gehirnentwicklung verantwortlichen Gene. *Ein Code wird immer von einem intelligenten Konzept geschaffen.* Ein Gedanke wird immer zuerst gedacht, bevor er als Einkleidung in die Materie verwirklicht wird. Die Kamera existierte als Gedanke im Gehirn des Kameraentwerfers lange vor dem Zeitpunkt, zu dem sie in die Materie einer glänzenden neuen Kamera eingekleidet erschien.

Wenn dies für normale Konzepte, Codes und Ideen, die wir experimentell verifizieren können, zutrifft, warum sollte dies nicht um so mehr für die Konzepte gelten, die hinter dem Code der Gene verborgen sind, welche den Aufbau des komplexesten Organs im Universum, des menschlichen Gehirns, bewirkten?

Das menschliche Gehirn ist also eine Idee, ein Code, ein gedankliches Konzept, das in den Vorstellungen des Geistes, der hinter dem Gehirn verborgen ist, schon lange vor dem Zeitpunkt existierte, zu dem es eingekleidet in die Materie als funktioneller Computer erschien. Nun, da wir eine schwache Vorstellung von der Komplexität des menschlichen Gehirns besitzen, können wir uns fragen, um welche Art von Supergeist es sich wohl handeln muß, in dem die Millionen irdischer Gehirne existierten, bevor sie in materieller Form erschienen? Die einzig mögliche vernünftige Reaktion ist die, welche der Apostel Paulus in Römer 1 beschreibt. Ehrfurcht, Dankbarkeit und Staunen, verbunden mit echter Anbetung, mögen später dazukommen. Wir haben es hier offensichtlich mit einem *Geist* zu tun, der — an unseren Maßstäben gemessen – unendlich ist.

Die Frage, wo ein Geist von unendlicher Kapazität existieren könnte

Wenn der Materialist jemals die Möglichkeit eines Geistes zugeben sollte, der für das hinter den biologischen Genen stehende Projekt verantwortlich ist, dann wird er sich auf die Behauptung festlegen, daß Geist ein Teil der Materie sei, welche – wie er glaubt — die gesamte Realität aufbaut: er ist nämlich in jeder Beziehung ein *Materialist.* Wenn es irgendein Projekt oder einen Geist hinter den Informationen und Projekten der Materie gibt, dann muß dies in der Materie oder ihren Aggregaten existieren und einen Teil davon darstellen. Informationen außerhalb der Materie gibt es in der Vorstellung des Materialisten natürlich nicht.

Wenn dies der Fall ist, müssen wir den Sitz der in der Biologie und ihren Genen enthaltenen Informationen definitiv und ausschließlich in der Materie suchen. Monod äußert sich dahingehend, wenn er alles und jedes aus seinem naturwissenschaftlichen Blickfeld ausschließt, das nach dem Metaphysischen, also etwas außerhalb der Materie Befindlichem, schmecken könnte.

So behält der Materialist das ursprüngliche Problem, welches lautet: Falls nichts außerhalb der Materie existiert, wie kehrte die Materie dann mit ihrer angeborenen Tendenz zum Zerfall und nicht zum Aufbau, diese Tendenz spontan um? Der Materialist ist mit all jenen Fakten konfrontiert, die sich ein ernsthafter Wissenschaftler nur als Beweis gegen die materialistische Auffassung wünschen könnte.

Die experimentell gewonnenen Fakten weisen unmißverständlich darauf hin, daß der Geist als externer Bearbeiter der Materie in der Lage ist, ihr Codes zuzuführen, die Leben ermöglichen können. Das kann die Materie selbst prinzipiell (vergleiche die informationstheoretische Praxis) nicht bewirken. Viele Molekularbiologen führen heute genau dies aus. Mit Hilfe ihrer gedanklichen Konzeptionen ordnen sie die Aggregate der Materie so an, daß sie die Lebenscodes und damit das Leben selbst tragen können. Welcher Molekularbiologe würde dieses „geistige Verfahren“ zur Codeproduktion zugunsten eines Verfahrens aufgeben, bei dem er seine Materie in einem Mischgefäß mischt und dann hofft, daß die der Materie innewohnenden Eigenschaften einen Informationscode des Lebens mit Hilfe des Zufalls hervorbringen würden? Ich weiß von keinem einzigen Molekularbiologen, der sich ernsthaft *experimentell* an die materialistische Auffassung hält (wenngleich er sie privat auch vertreten mag) und dazu gebracht werden könnte, mit dem Mischverfahren in der Hoffnung zu experimentieren, die Lebenscodes herzustellen.

Ein nuklearer Sitz für die teleonomischen Informationen?

Wenngleich es klar ist, daß dieser Abschnitt für sachkundige Leser wahrscheinlich Unsinn bedeutet, möge er doch an dieser Stelle eingefügt sein, um die theoretischen Möglichkeiten der Informationsspeicherung in der Materie etwas vollständiger darzustellen.[1] Im folgenden wollen wir also bloß erwähnen, welche Auswahl uns in bezug auf die Glaubwürdigkeit einer Informationsspeicherung für die Teleonomie in der Materie offensteht. Für einen Materialisten sind die Möglichkeiten hier offensichtlich von großer Bedeutung. Die zur Abiogenese erforderlichen Informationen müssen a) zunächst einmal irgendwo entstanden sein (Informationen sind Informationen und folgen in ihrer Entstehung bestimmten Regeln). Es ist unsinnig – und keine Information in irgendeinem Sinn des Wortes – zu sagen, daß die Informationen eben zufällig entstanden. Und doch stellt gerade dies die Behauptung der Materialisten und Darwinisten seit über einhundert Jahren dar; b) irgendwo in der Materie gespeichert sein, nachdem sie einmal dort waren.

In der lebenden Materie beruht die für alles Leben wichtige Information auf einem Alphabet, das aus aneinandergereihten Aminosäuren besteht. Unsere Frage lautet deshalb: Wo konnten die in den durch spezifische Sequenzen verknüpften Aminosäureketten enthaltenen Informationen bleiben, bevor es die Proteine gab, die aus solchen Aminosäureketten bestehen? Sequenzen und Code – wie wir z. B. am genetischen Code sehen – entstehen nicht einfach so. Woher stammte also die Grundinformation, die zur Bildung dieser Sequenzen und Codes erforderlich ist? Wenn man sich vor diesem Problem in den „Zufall" flüchtet, so ist das heute angesichts der Fortschritte der Kybernetik und Informationstheorie wissenschaftlich unhaltbar.

Jene Wissenschaftler, die an eine biochemische Prädestination glauben, vertreten die Ansicht, daß das Informationsspeicherungssystem in den „Beziehungen zum nächsten Nachbarn" zu suchen sei, welche angeblich in der Lage sind, den vollständigen Aufbau eines spezifischen Proteins und seiner Sequenzen aus den simplen chemischen Verhältnissen der einfachen Aminosäuren zu bewirken. Bei näherem Zusehen bedeutet dies, daß sämtliche zur Synthese eines Hämoglobinmoleküls oder Gehirngens erforderlichen Informationen in ihren chemischen Grundbausteinen enthalten sind. Wie wir bereits gezeigt haben, stellt diese Auffassung einen direkten Widerspruch zum zweiten Hauptsatz der Thermodynamik dar, welcher besagt, daß die Materie – einschließlich der Aminosäuren – eine unvermeidliche Tendenz zur Unordnung besitzt, wenn man sie in einem geschlossenen System sich selbst überläßt. Informationen sind es, die erforderlich sind – nicht bloße, wahllose Energie, sondern gezielte Energie —, um zu irgendeinem Code zu gelangen. Wo konnte man sich also nach einem Sitz für die von der lebenden Materie benötigten teleonomischen Informationen in der nicht-lebenden Materie umsehen? Wir können ihn nicht in Materie-Aggregaten wie den Aminosäuren entdecken. Die natürliche Auslese hilft nicht weiter, denn wir beschäftigen uns mit dem Ursprung der Speicherung und Verwendung von Informationen vor der Biogenese. Der einzige noch verbleibende Ort – falls Materieaggregate wie z. B. Aminosäuren keinen Erfolg versprechen – liegt innerhalb des Atoms selbst.

Wir wissen jedoch mit Bestimmtheit, daß die Elektronenbahnen und ihre Wechsel nicht jene Art von Informations*speicherung* leisten können, die wir zur Konstruktion von Aminosäuresequenzen und Codes benötigen. Auch könnten solche Elektronenbahnen nicht die *Quelle* der für das Leben erforderlichen Aminosäuresequenzinformationen sein. Der Effekt eines Jonglierens mit Elektronenbahnen ist heute zu gut bekannt, als daß man z. B. den Informationsort über die Aminosäuresequenzen der Insulin- oder Hämoglobinmoleküle dort suchen könnte. Sicherlich ist es überflüssig, darauf hinzuweisen, daß die energetischen Verhältnisse für biologische Zwecke ungeeignet sind. Die Aminosäuresequenzen werden durch Bindungen mit niedrigerem Energiegehalt aufrechterhalten, nicht durch energiereiche physikalische Bindungen.

Wenn die Elektronenorbitale also als Sitz der Entstehung und Speicherung der genetischen Informationen des Lebens ausscheiden, dann verbleibt als einziger Ort, an dem wir nach diesbezüglichen Möglichkeiten Ausschau halten können, nur noch der Kern selbst. Wenngleich die Geheimnisse des Atomkerns bis zum heutigen Zeitpunkt noch keineswegs restlos geklärt sind, so wissen wir doch, daß die Energierelationen hier sogar ungünstiger für biologische Zwecke sind als jene, die in den Orbitalen außerhalb des Kerns gegeben sind. Es spricht in der Tat selbst wenig dafür, daß es so tief innerhalb des Aufbaus der Materie irgendwelche direkten biologischen Informationsgeheimnisse zu finden gibt. Dieser Bereich der Materie ist nämlich ein Bereich, der durch besonders energiereiche Verhältnisse gekennzeichnet ist, die wenig mit den biologischen Sequenzen und mit Informationsursprung und -speicherung zu tun haben. Und selbst wenn dies nicht der Fall wäre, so tendieren sie doch zum Zerfall und nicht zur Synthese.

Diese Bereiche tief innen in der Struktur der Materie entscheiden sicherlich über die chemischen und physikalischen Eigenschaften der Materie, ebenso wie die Eigenschaften von Sand und Kohlendioxyd von dem nuklearen und orbitalen Aufbau ihrer Kerne und Elektronen bestimmt werden. Die Botschaft „John liebt Mary" jedoch, in Sand geschrieben, ihre Sequenzen und Codeform, haben wenig mit der Feinstruktur der Silicium- und Kohlenstoffatome zu tun. Mehl oder Schnee besitzen völlig verschiedene Atom- und Molekülstrukturen, aber sie würden beide in der Lage sein, die Botschaft „John liebt Mary" mit gleicher Mühelosigkeit zu vermitteln. Das heißt: Die Atom- oder Kernstruktur des Sandes, Schnees oder selbst der Aminosäuren bilden keine entscheidenden Faktoren für den Code.

Wir werden also den Ursprung beider Codes (des genetischen Codes und von „John liebt Mary") eben genau dort suchen müssen, von wo alle den Menschen bekannten Codes herstammen, das heißt, im Denken, in Ideen und Konzepten eines Organs (oder einer Person), das die ungerichtete Energie in die gezielte Energie des Denkens selbst umkehrt.

Warum die naturwissenschaftlichen Materialisten sich dieser einfachen Quelle und Herkunft der Informationen sowohl im alltäglichen Leben als auch bei der Synthese des Lebens selbst widersetzen sollten, ist schwierig einzusehen. Der Chemiker nämlich ist mit Hilfe seiner gedanklichen Prozesse (abgeleitet von der Umwandlung von Kalorien in gezielte, planende Energie) in der Lage, Ketten von Aminosäuren in die Sequenzen des Insulin-Moleküls hineinzumanipulieren. Die Aminosäuren besitzen die Information oder Richtung selbst nicht, die zur Herstellung dieser codierten Sequenzen erforderlich ist. Insulin entsteht niemals spontan; falls dies doch der Fall wäre, dann würde dies der Beweis dafür sein, daß die notwendigen Informationen vorher in den Aminosäuremolekülen gelegen haben. Wir *haben* jedoch faktisch Beweise dafür, daß Denken – das

Denken im Gehirn eines Chemikers, ermöglicht durch Kalorien — das Sequenz- und Codekunststück ausführen kann und es tatsächlich auch tut. Warum sollten wir also mit den naturwissenschaftlichen Materialisten darauf bestehen, daß alles – einschließlich der Lebenscodes – in der Willkür der Materie beheimatet ist, wenn die faktischen Beweise dafür überwältigend sind, daß Codes und Sequenzen nur als Resultat von Denken entstehen? Konzepte und Ordnungen werden der Materie lediglich von außen her durch das Denken auferlegt, wobei die Materie auf Kosten von Energie zu Sequenzen und Codes angeordnet wird.

Die Geheimnisse der Lebensinformationen sind – nach heutigen wissenschaftlichen Erkenntnissen – allein in den molekularen Arrangements, Sequenzen und Codes gewaltiger Makromoleküle und nicht primär in der Mikrostruktur subatomarer Phänomene lokalisiert, obwohl die letzteren sicherlich andere Aspekte der Makro- und Mikrostruktur chemischer Verbindungen bestimmen.

1 Vgl. auch Kervrans Arbeiten über die Transmutationen in biologischen Systemen, Kap. IV, Anmerkung Seite 72 f.

Kapitel VIII

Die Bedeutung der Teleonomie

Wenn wir auf das Bild des Projekts einer Kamera und eines Auges zurückkommen, so können wir sagen, daß die Realisierung derartiger Teleonomie – sowohl bei der nicht-lebenden Kamera als auch beim lebenden Auge – aus der Erfüllung der Teleonomie des Organismus stammt, die hinter beiden – Auge und Kamera – steht. Das Auge wird benötigt, um den gesamten Organismus zu orientieren, ihm beim Fang einer Beute zu helfen usw., und die Kamera dient dazu, bleibende Dokumentationen von Situationen zu liefern, welche der Mensch aus ihm bekannten Gründen braucht.

Die Botschaften, welche mittels Geninformationen an die Ribosomen gelangen, wo die Verbindungen synthetisiert werden, die die Zelle für die eigenen Projekte braucht, sind rationale chemische Botschaften, und sie erhalten teleonomische chemische Antworten in der Form eines geordneten Stoffwechsels. Das heißt: Für die Zelle besitzt der gesamte Vorgang des Aussendens und Empfangens von Botschaften teleonomische Bedeutung. Die Botschaften sind für den Stoffwechsel sinnvoll. Das gilt für die Botschaften (Hammerschläge, Feilen, Schneiden), die der Kamera-Hersteller an das Metall der von ihm zu verfertigenden Kamera sendet. Jeder Hammerschlag oder Feilstrich ist eine codierte Botschaft, die auf den Erhalt einer teleonomischen Antwort abzielt.

Das gilt natürlich auch für alle Codes. Sie besitzen eine verborgene, oft konzentrierte Bedeutung, zu der eine irgendwie geartete Antwort erwartet wird. Wenn ein Schiffskapitän ein codiertes SOS funkt, dann erwartet er dringend eine Reaktion, ganz ähnlich einer Zelle, die durch ihre Codes signalisiert, daß sie mehr Enzyme — oder mehr Ribosomen — braucht und sie als Antwort erhält. Wenn ich bei meinem Morgenspaziergang die von Wind und Wellen gezeichneten Rippen und Muster im Sande des Meeresufers sehe, dann achte ich nicht sehr darauf und zeige keine spezifische Reaktion als Folge meiner Beobachtung. Sie können ganz nett aussehen, aber das ist auch alles. Sie stellen jedoch keine codierte Botschaft dar, welche zu einer Antwort einlädt. Wenn ich aber in deutlichen Buchstaben einem in den Sand geschrieben „John liebt Mary“ begegne, dann könnte ich auf diesen alphabetischen Code in der Weise reagieren, daß ich meinen Spazierstock nehme und in ebenso deutlichem Code schreibe: „Und mögen sie für immer glücklich sein!“ Dieser Code macht einen sinntragenden, teleonomischen Eindruck auf mich und kann mich zu der gerade beschriebenen Handlung anregen.

Genau an dieser Stelle beginnt die Rolle der Intelligenz – der gängigen Definition zufolge bedeutet sie die Fähigkeit, aus Erfahrung zu lernen –, bei Verschlüsselung und Entschlüsselung sichtbar zu werden. Um nämlich einen wie auch immer gearteten Code zu schaffen — gleichgültig, ob es sich dabei um einen Sprachcode handelt, dem das lateinische Alphabet zugrunde liegt, um einen Morsecode, der Punkte und Striche verwendet, oder um den auf vier Aminosäuren beruhenden Code —, *immer sind es die zuvor vereinbarten und festgesetzten Sequenzen* der einzelnen Einheiten des Alphabets, welche entscheidend sind. Die tatsächlichen Bestandteile der alphabetischen Symbole, seien es nun Buchstaben von a bis z, Punkte und Striche oder Aminosäuren, bedeuten vom Standpunkt des Code aus gesehen nicht viel. Worauf es aber ankommt — und das ist entscheidend —, *ist, daß zuvor durch Konvention festgelegt wird, daß bestimmte Sequenzen bestimmte Bedeutungen besitzen. Die Konvention legt zuvor fest, daß a-n-d im Englischen eine Konjunktion bezeichnet und daß D-a-n die Vorstellung eines Jungennamens vermittelt.* Die Konvention außerhalb des Codes muß – häufig offensichtlich willkürlich – diesem einen Sinn zuordnen, so daß z. B. *p-o-t* irgendeinen Topf bedeutet (oder auch Haschisch), wohingegen *t-o-p* entweder ein Kinderspielzeug bedeutet oder die höchste Oberfläche eines Objektes. *Wenn also irgendein beliebiger Code als solcher funktionieren soll, muß es eine zuvor außerhalb des Codes getroffene Konvention geben, welche vom Erfinder des Codes niedergelegt und vom Empfänger verstanden wird, daß bestimmte Sequenzen sowohl für die Darstellung ei-*

ner Botschaft in Codeform als auch für ihre Dechiffrierung bestimmte Bedeutungen besitzen.

Um jedoch eine Codesequenz zu entwerfen, welche für die Synthese und Entschlüsselung des Codes gleichbleibt, d. h. um einen Code zu vereinbaren, muß etwas vorausgesetzt werden, das wir nur als Intelligenz beschreiben können, die hinter beidem – der Schaffung und Dechiffrierung des Codes – steht. *Sowohl Aufbau als auch Entschlüsselung eines Codes laufen nämlich darauf hinaus, aus Erfahrung zu lernen.* Wenn jemand dies bezweifelt, mag er sich fragen, ob es irgendeinen Code und seine Dechiffrierung gibt, bei dem nicht an irgendeiner Stelle Lernen aus Erfahrung (Intelligenz) eine Rolle spielt.

Ein Code und seine Bedeutung werden dadurch geschaffen, daß die ungerichteten, willkürlichen Bewegungen der Atome, Moleküle und der Materie überwunden und durch eine gerichtete Beschränkung ersetzt werden, die entweder einem Computer oder einem biologischen Gehirn entspringt. Bis jetzt kennt man keinen anderen Weg, um zu irgendeinem Code zu gelangen. Man weiß über die thermodynamische Seite dieses Vorganges heute recht gut Bescheid, und die Nachrichteningenieure benutzen die ihm zugrunde liegende Theorie bei ihrer täglichen Arbeit. Sie wissen, wie man die Energiemenge in Beziehung setzt, die zur Schaffung einer so und so großen Entropiereduktion erforderlich ist, und so einen Code und seine Bedeutung aus dem willkürlichen Zustand seiner Bausteine – oder Buchstaben – aufbaut. Die dazu benötigte Energie ist in ihrer Beziehung zu den Standardgleichungen der Entropie wohl bekannt. Wenn wir der Sequenz *l-i-o-n* gemäß dem englischen Alphabet eine Bedeutung zuteilen, dann tun wir dies, indem wir der Tendenz zur Willkür diametral entgegenarbeiten, die die Sequenz der Buchstaben *l-i-o-n* besitzt, denn diese würden ohne die Bedeutung durch den Code ebenso leicht die Sequenzen *i-o-n-l, n-i-l-o, i-n-o-l* usw. annehmen. Es bedarf der Energie, gerichteter Energie, um die Entropie zu reduzieren und so zu der sinntragenden Sequenz zu gelangen.

Ein Spezialorgan oder eine Spezialmaschine besitzt die Fähigkeit, sich der Ordnung von – sagen wir – Zuckermolekülen zu bedienen und im Verlaufe des Stoffwechselprozesses die Ordnung und Lenkung aus ihnen zu beziehen, die erforderlich sind, um gegen den natürlichen Trend der Materie zur Annahme von willkürlichen, sinnleeren Sequenzen die gewünschte Sequenz aufzubauen. Das heißt: die erniedrigte Entropie der Zuckermoleküle wird transferiert auf die erniedrigte Entropie des Codes.

Das zu dieser Transferierung und Übertragung fähige Organ stellt in der Biologie natürlich das Gehirn dar. Dieses nun hat in neuerer Zeit ebenfalls unter Verwendung molekularer Lenkung und Energie Computer geschaffen, welche zur Erreichung des gleichen Zieles dienen. Wie wir bereits erwähnten, nennen wir Gehirn wie auch Computer „intelligent", da Intelligenz definiert ist als die Fähigkeit, sich Erfahrungen nützlich zu machen. Ein Code stellt die Summation von Sequenzen dar, denen durch die *Erfahrung der Vergangenheit* eine bestimmte gegenwärtige Bedeutung oder bestimmte gegenwärtige Bedeutungen zugeteilt werden, die man sich jetzt zunutze macht. Ein Sprachcode besteht durch Übereinkunft jener, die ihn sprechen, darin, daß bestimmte alphabetische Sequenzen mit bestimmten Konnotationen vergangener, gegenwärtiger und zukünftiger Erfahrung verbunden werden. Sich den Sinn beim Verschlüsseln und Entschlüsseln zunutze machen, Informationsspeicherungs- und Erschließungssysteme zu verwenden – all dies schließt Vorgänge ein, die eng mit dem verwandt sind, was man definitionsgemäß „Intelligenzprozesse" nennt —, Prozesse, die sich auf den Nutzen aus der Erfahrung stützen.

Da es sich so verhält, müssen die Ver- und Entschlüsselungssysteme der Biologie und künstlicher Intelligenzsysteme wie der Computer, die ebenfalls Ver- und Entschlüsselungssysteme verwenden, grundsätzlich verwandt erscheinen. *Die Materie selbst, die faktisch zur Willkür tendiert, konnte solche Systeme nicht hervorbringen oder auch nur speichern, welche auf Ordnung und Konvention beruhen, die der Materie in der „Rohform" unbekannt sind.* Als Systeme nämlich befinden sie sich im totalen Gegensatz zur Willkür. Warum sieht der wissenschaftliche Materialist dann mit „belustigter Verachtung" auf jene Minderheit von Wissenschaftlern herab, welche behaupten, daß die übernatürliche Sicht von Ursprung und Erhaltung der Informationsspeicherungs- und Erschließungssysteme der Natur eine vernünftigere Erklärung des Lebens biete als die materialistische Deutung?

Die Logik der nicht-materialistischen Sicht des Lebens befindet sich doch vollständig auf Seiten des Wissenschaftlers, der glaubt, daß die Informationen des Lebens ihren Ursprung jenseits der Materie hatten. Das heißt: supramateriell oder, um die alte Terminologie zu benutzen: übernatürlich oder metaphysisch. Der einzige Weg, der dem Materialisten noch offensteht, um ihn vor dem Erreichen dieses recht offenkundigen Schlusses zu bewahren, besteht darin, *a priori* alle Beweise aus seinem Denken zu verbannen, welche nach Metaphysik oder Übernatürlichem schmecken könnten. Eine solche Denkmethode ist jedoch sicherlich nicht so ganz objektiv.

Bei seiner Besprechung von Monods „Zufall und Notwendigkeit" (englische Ausgabe) schreibt Th. Dobzhansky: „Monod hat mit bewunderungswürdiger Klarheit und einer oft an Pathos grenzenden Eloquenz die mechanistisch-materialistische Sicht dargelegt, welche das Großteil des gegenwärtigen Establishments in der Biologie explizit und implizit vertritt. Während viele jedoch diese Philosophie dunkel durch eine Scheibe wahrnehmen, macht Monod sie kristallklar."[1]

Dem Leser, der unserer Argumentation soweit gefolgt ist, wird mittlerweile klar geworden sein, daß der Grund, weswegen das naturwissenschaftlich-materialistische Establishment jeden Theismus, jeden Glauben an Gott und Supranaturalismus mit „belustigter Verachtung" betrachtet (wenn sie überhaupt Zeit haben, sich über die Meinung anderer Leute, die ihre spezielle materialistische Weltanschauung nicht teilen, Gedanken zu machen), peinlich einfach erscheint, wenn man die Hüllen des wissenschaftlichen Jargons entfernt, mit denen sie ihre Ansichten umgeben. Sie verbannen einfach jede Meinung aus ihrem Blickfeld, die über ihre eigene mechanistisch-materialistische Sicht hinausgeht. Diese Geisteshaltung wird in einer völlig subjektiven und in der Tat willkürlichen Weise erreicht, welche faktisch weit von jenen objektiven Denkmethoden entfernt ist, denen sie in der Öffentlichkeit soviel Lippendienst erweisen und auf die Monod in der Tat seine gesamte These von „Zufall und Notwendigkeit" ausdrücklich gründet.

Wenn wir die Bedeutung der Teleonomie zusammenfassen, können wir nun sicherlich sagen, daß nur die Intelligenz Projekte und die Ver- und Entschlüsselung von Informationen ausarbeitet. Die Feststellung erscheint vernünftig, daß es die Intelligenz ist, welche nicht nur aus der Erfahrung der Vergangenheit lernt, sondern dies auch tut, indem sie dem Chaos des Zufalls entgegenarbeitet, es aufhebt und durch Ordnung, Sequenzen und Codes ersetzt. Das Ziel der Intelligenz besteht sicherlich darin, Unordnung zu Ordnung zu gestalten, hohe Entropiewerte in niedrige zu überführen und tatsächlich Nicht-Teleonomie (Richtungslosigkeit, Projektlosigkeit) durch Teleonomie oder Projekt zu ersetzen. Der mechanistische Materialist arbeitet mit der Behauptung, daß Chaos spontan Telos hervorbringe. Dagegen erzählen uns die Informationsfachleute und andere, die auf verwandten Gebieten arbeiten, daß es des Logos bedürfe, um das Chaos zu annullieren und Telos, Ziel oder Projekte zu schaffen. *Und trotzdem verwendet „Zufall und Notwendigkeit" sehr lange Diskussionen auf die Teleonomie oder die Wissenschaft der Projekte, ohne je die Tatsache in Betracht zu ziehen, daß der mechanistische Materialismus auf rein materialistischer Grundlage niemals den Telos des Lehrers selbst erklären kann.*

Um zu einer vernünftigen Erklärung der Menschheit in Beziehung zum übrigen Universum zu gelangen, müssen wir der Herkunft von Zweck, Projekt und Teleonomie irgendwie Rechnung tragen. Materie und Mechanik allein geben uns keine derartige Erklärung. Obwohl die Materie Intelligenz tragen kann und dies auch tut, ähnlich wie Papier die Druckerschwärze und ihre eingedruckten Botschaften trägt und so die Teleonomie vermittelt, gibt es *keinen,* wie auch immer gearteten Hinweis irgendwo in der Materie, daß diese selbst Telos hervorbringen kann, wenn sie sich selbst überlassen bleibt.

1 Th. Dobzhansky, Science, 175, Jan—1972, S. 49—50

Kapitel IX

Einige Folgen des heutigen naturwissenschaftlichen Materialismus

Man kann nun die berechtigte Frage stellen, weshalb es notwendig sei, sich mit all diesen Problemen des Materialismus, der Religion und der Naturwissenschaft auseinanderzusetzen. Jeder hat ein Recht auf seine eigene Meinung, selbst wenn sie falsch sein sollte. Aber eine verkehrte Meinung darüber, wie man eine Landkarte richtig lesen soll, kann jemanden in unvorhergesehene Reiseschwierigkeiten stürzen. Es ist eine ernste Sache, nach unkorrekten Prinzipien zu navigieren, weil man dorthin kommt, wohin man nicht kommen wollte. *Wir meinen, daß die naturwissenschaftlichen Materialisten, die die Karte der Natur seit Jahren in inadäquater Weise lesen, philosophisch gesprochen, dort landen, wohin sie nicht gelangen wollten, nämlich bei einer falschen Interpretation des Menschen in seiner Beziehung zum Rest des Universums.*

Die supranaturalistische Sicht lehrt, daß die Welt — teleonomisch gesprochen – dazu geschaffen und ausgerüstet wurde, um den Menschen für bestimmte Zwecke jenseits von Zeit und Materie vorzubereiten. Der naturwissenschaftliche Materialist andererseits glaubt, daß der Mensch für die Gegenwart und die Materie allein gemacht wurde und es deshalb keinen erdenklichen, vorbereitenden Prozeß gebe, der sich jetzt in der Zeit abspielt und den Menschen für einen Zustand jenseits von Zeit und Materie tauglich machen soll. Wenn die Materialisten recht haben, dann sollte der Mensch offenkundig essen, trinken und fröhlich sein, denn morgen ist er tot. Die Christen und alle, welche an einen Gott glauben, sind davon überzeugt, daß der Mensch so unvorbereitet in einen Zustand jenseits von Materie und Zeit (Ewigkeit) eingehen kann, daß er Gefahr läuft, ihn ganz und gar zu verlieren. Für die letzteren besitzt Zeit insofern eine Bedeutung, als sie nicht nur dazu da ist, um in Glück und Befriedigung verbracht zu werden, sondern auch noch einen ewigen Zweck jenseits der Zeit hat. Deshalb können die Konsequenzen einer Fehlnavigation in den Dingen des naturwissenschaftlichen Materialismus und des Christentums (oder der Religion) sehr schwerwiegender Natur sein. Aus diesem Grunde halten wir es für wichtig und all der Untersuchung und Anwendung der Beweise wert, die wir als relevant zusammenstellen können.

Andere Gesichtspunkte, die es zu erörtern gibt, sind: a) Naturwissenschaftlich-materialistische Ansichten beherrschen heute sicherlich die führenden Wissenschaftszweige und die Politik. Als solche spielen sie eine führende Rolle bei der Gestaltung der Atmosphäre und der Bedingungen der heutigen Welt. Falls der Mensch schließlich ein bloßes Materieaggregat sein sollte, welches über den Tod hinaus keinen Wert besitzt (alle naturwissenschaftlichen Materialisten behaupten dies, zumindest implizit, obwohl sie sich gewöhnlich davor hüten, dies so offen zu sagen), dann ist der Mensch nur in diesem Leben von Wert. Sein Leben hat über den Tod hinaus keine Konsequenzen. Wie wir bereits an anderer Stelle ausführten[1], muß diese Haltung den Menschen als Wegwerfgegenstand erscheinen lassen und so seinen Wert herabmindern. Nur die christliche Sicht – daß der Mensch das Leben Gottes selbst wert ist, wie es Christus durch die Darbringung seines Lebens als Lösegeld für den Menschen zeigte – läßt den Menschen und sein Leben kostbarer erscheinen als die ganze Welt zusammen. Immer dort, wo der Glaube an das Übernatürliche beiseite geschoben wird, findet man, daß das menschliche Leben billiger wird. Diejenigen von uns, welche das Leben in östlichen Staaten aus eigener Erfahrung kennen, wissen, was dies bedeutet. Man muß nur die Einstellung zum Leben in Ländern betrachten, die, offiziell zumindest, das Christentum respektieren und sie mit der offiziellen Haltung nicht-christlicher östlicher Staaten vergleichen, um sich den Unterschied klarzumachen, den die übernatürliche Sicht in bezug auf den Sinn des Lebens und seines Wertes ausmacht.

Die materialistisch-naturwissenschaftliche Einstellung bringt hochentwickelte Länder, die zuvor hauptsächlich (zumindest offiziell) christlich geprägt waren, sehr schnell zu den praktischen, materialistischen Normen hinsichtlich des Wertes des Lebens. Wie kann man sich sonst in den USA den Anstieg der Verbrechen erklären, die Mord wegen ein paar Dollars oder sogar wegen gar nichts einschließen? Das Leben wird wieder billig in den vom Materialismus durchsetzten Ländern, weil man es nämlich nicht mehr als von transzendentem Wert ansieht.

Diese Veränderung wird in Rußland erschreckend sichtbar, wo bloße politische oder sogar wissenschaftliche Abweichung einen Mann oder eine Frau den Kopf kosten kann. Selbst dort, wo es nicht um faktische Lebensbedrohung geht, sehen wir, daß der Materialismus einen brutalisierenden Einfluß ausübt, indem er dem Staat erlaubt, religiös eingestellte Eltern ihrer Kinder zu berauben und sie im Interesse eines staatlich gelenkten naturwissenschaftlichen Atheismus zu erziehen.

So hat der Materialismus dadurch, daß er den Menschen zu bloßer Materie und reinem Zufall machte, ihn erniedrigt und entehrt und ihn vieler Rechte beraubt. Wenn der Leser dies bezweifelt, möge er jene Länder betrachten, die in ihrem wissenschaftlichen Staatsatheismus am weitesten fortgeschritten sind, wie z. B. Rußland und seine Satelliten oder China. Wo sind die Menschenrechte in jenen Ländern? Man vergleiche sie mit den Menschenrechten in irgendeinem offiziell christlichen Land wie der USA. Die Degradierung des Menschen zu einem bloßen Produkt von Materie und Zufall muß zwangsläufig zu einer Erosion des menschlichen Wertes in den Augen anderer Menschen führen, die ebenso denken.

Wenn der Leser dieser These keinen Glauben schenkt, möge er die beiden deutschen Staaten betrachten. Beide Staaten bestehen aus Einwohnern der gleichen Abstammung, der gleichen Geschichte, Tradition und Sprache. Um die Ostdeutschen jedoch daran zu hindern, nach Westdeutschland zu fliehen, mußte der ostdeutsche Staat eine Mauer über die ganze Länge der west-östlichen Grenze ziehen. Diese Mauer soll nicht dazu dienen, die westlichen Imperialisten fernzuhalten. Nähere Betrachtung lehrt, daß ein amerikanischer Panzer ohne die geringsten Schwierigkeiten nach Ostdeutschland über die Mauer gelangen könnte. Es gibt auf der östlichen Seite jedoch einen schräg abfallenden Graben, welcher plötzlich vor einer aufrechten, unpassierbaren

Mauer endet, die einzig und allein dazu dient, einen flüchtenden Ostdeutschen von einem Erklettern dieser Mauer in Richtung Westen abzuhalten, wo ihm zum mindesten einige menschliche Rechte noch übriggeblieben sind.

Der materialistische Atheismus brutalisiert und erniedrigt die Menschheit. Diese Aussage bedeutet nicht, daß Westdeutschland oder auch die USA sehr christlich wären. Was zum Ausdruck gebracht werden soll, ist, daß man in jenen Ländern sich offiziell immer noch so verhält, als ob der Mensch wirklich von Gott geschaffen wäre. Die Rechtsprechung beruht offiziell auf dieser Grundlage. Zugegeben: Vieles könnte man sehr viel besser machen. Das Skelett der Überzeugung von der Wahrheit der Reformation existiert jedoch immer noch, und die Staatsmaschinerie hängt, wenn auch unsicher, immer noch daran. Wir glauben jedoch nicht nur, daß der naturwissenschaftliche Materialismus erniedrigt und versklavt. Sicherlich wirkt er so, zumindest auf lange Sicht. Die Hauptsache ist jedoch unserer Meinung nach, daß er nicht mit den Fakten übereinstimmt.

Die Bibel lehrt uns, daß die Wahrheit uns frei machen werde. Der Materialismus hat die Tendenz, den Menschen zu versklaven. Wenn jemand dies nicht glaubt, so möge er gehen und in den Ländern leben, die offiziell vom Materialismus beherrscht werden. Wenn die Wahrheit uns frei macht, dann sollten wir erwarten, daß auch das Gegenteil gilt, nämlich, daß der Irrtum versklavt. Sicherlich sind die Leute im „christlichen" Amerika — allgemein gesprochen – etwas freier als in dem materialistischen Rußland. *Dies, so glauben wir, wird einer der Hauptgründe sein, weshalb man den naturwissenschaftlichen Materialismus mit aller Kraft bekämpfen sollte, weil er versklavt. Wer das nicht einsehen kann, möge den Unterschied zwischen den beiden deutschen Staaten beachten. Der Materialismus stellt keine angemessene Interpretation der Fakten dar. Deshalb irrt er und muß als solcher den menschlichen Geist versklaven. Die Wahrheit macht uns frei, der Irrtum versklavt.*

Da kein Mensch, der diesen Namen verdient, eine Versklavung des Geistes ertragen kann, da er lieber sein Leben opfern als seine persönliche Freiheit verlieren würde, *sollte jeder einsehen, daß es für die Freiheit seiner Kinder (wie auch früher oder später für seine persönliche Freiheit) lebenswichtig ist, daß der naturwissenschaftliche Materialismus als das entlarvt wird, was er ist, – ein Irrtum, der von der Unterdrückung entscheidender wissenschaftlicher Beweise genährt wird.*

Es ist wichtig, sich klarzumachen, daß nicht nur die Wissenschaftler in den offiziell naturwissenschaftlich-materialistischen Staaten wie Rußland versuchen, ihre versklavenden Ansichten über die Menschheit zu propagieren. Auch das Establishment der westlichen Naturwissenschaftler arbeitet daran, die gleiche Atmosphäre in der wissenschaftlichen Welt der westlichen Staaten zu verbreiten. Die Universitäten und wissenschaftlichen Disziplinen beruhten in diesen Staaten ursprünglich auf der festen Basis eines christlichen und überhaupt religiösen Glaubens. Unter dieser Form der Wahrheit blühten sie auf, bis die Kulturen des Westens die gesamten Kulturen der Welt beherrschten. Diese Länder verlieren jetzt ihre Position in dem Maße, in dem sie der geistigen Basis verlustig gehen, auf der ihre wissenschaftliche Stärke blühte.

Die Frage taucht also auf, welche Mittel eingesetzt werden könnten, um den Triumph der materialistischen Anschauungen – und der damit verbundenen Versklavung der Menschheit – zu vereiteln.

Der Kampf gegen den naturwissenschaftlichen Materialismus

Die brutalisierende Wirkung der darwinistischen Anschauungen und des naturwissenschaftlichen Materialismus haben sehr viel zu der heftigen Verbrechensepidemie beigetragen, die die westliche Kultur im Augenblick heimsucht. In Ländern mit kommunistischem, extrem sozialistischem oder faschistischem Regime werden die gleichen Überzeugungen auf andere Art und Weise brutalisiert. Es ist jedoch evident, daß der naturwissenschaftliche Materialismus – obgleich er zur Brutalisierung der Menschheit beigetragen hat – nicht durch brutale Methoden besiegt werden wird. Die Wissenschaft und ihr Materialismus mögen in politischen Händen die Laserbombe (die „smarte“ Bombe), das Roboterflugzeug und selbst Mittel zur Wetterveränderung hervorgebracht haben, welche zu Überschwemmungen auf feindlichem Gebiet führen sollen. Wichtig ist, daß der Geist des Menschen in der Gefangenschaft durch den Materialismus diese schrecklichen Dinge erfunden hat. Es ist deshalb auch der Geist des Menschen, der zurückgewonnen und von diesen und ähnlichen Früchten einer falschen Philosophie entwöhnt werden muß.

Man fragt sich oft, warum man nicht wenigstens einen geringen Anteil der Billionen von Dollars, die zur Erzeugung der Früchte des Materialismus wie auch zu ihrer Bekämpfung im Kommunismus ausgegeben werden, für die offensichtliche Aufgabe abzweigt, den Geist des Menschen wieder für Wahrheit und Vernunft zurückzugewinnen. Die Lösung unserer Probleme liegt offenkundig im menschlichen Geist, der die Schrecknisse hervorgebracht hat, welche uns sowohl abstoßen als auch ängstigen.

Es ist natürlich wahr, daß die etablierte Wissenschaft und die etablierte Theologie kaum eine Alternative zu der herrschenden materialistischen Philosophie anzubieten haben und deshalb darauf festgelegt sind, die Früchte ihres Materialismus, die wir in Gestalt von Gewalttätigkeit, Verbrechen, Gefühllosigkeit, Drogensucht, Enttäuschungen und Rückzug aus der menschlichen Gesellschaft beobachten können, mit den gleichen Methoden zu bekämpfen, welcher sich die Materialisten selbst bedienen. Dies ist der Versuch, Beelzebub mit Beelzebub auszutreiben.

Der Geist des Menschen wird augenblicklich sowohl im Osten als auch im Westen vom Materialismus gefangengehalten. Es gibt eine Parole, die jede Wahl gewinnen oder die Sicherheit jeder Diktatur garantieren hilft – das Versprechen höheren Einkommens und größeren Konsums, eines wachsenden materiellen Lebensstandards. Während ein steigender Lebensstandard für manche Länder sicherlich wünschenswert ist, wäre ein niedrigerer Standard des *materiellen* Lebens in bestimmten westlichen Staaten sicherlich gut zu ertragen, besonders dann, wenn er mit einer höheren *Qualität* des Lebens einherginge. Damit meine ich eine bessere Einsicht in den Sinn des Lebens, eine größere Erkenntnis der geistigen wie auch der materiellen Nöte des Mitmenschen.

Faktisch ist der menschliche Geist zum gegenwärtigen Zeitpunkt so auf die materialistische Sicht gerichtet, daß er an keine Güter außer vermehrten physischen Gütern denken kann. Er besitzt nur geringe Vorstellungen von Dingen außer Zigaretten, mehr Nahrung, mehr Geld zum Verspielen und mehr Geld für Restaurants, Ferien, Autos, Flugzeuge und Motorboote. All dies ist teuer. Und dennoch scheinen sie den Menschen, wenn er sie einmal besitzt, nicht zu befriedigen. Vielleicht würde eine bessere Qualität des Lebens im Vergleich zur Quantität mehr befriedigen, wenn man die Menschen lehrte, ihr Hirn und Denkvermögen besser auszunutzen. Unterricht und effektive Erziehung mögen mehr als Konsumgüter kosten, könnten sich am Ende jedoch als lohnender herausstellen, besonders wenn sie die Notwendigkeit von Dollarbillionen für Schrecknisse wie die Laserbombe beseitigen.

Wir verteidigen den Glauben an einen übernatürlichen Gott nicht gerade deshalb, *weil* ein solcher Glaube Geist und Zustand des Menschen verbessern würde. Wahrscheinlich wäre dies der Fall. Wenn man jedoch den Glauben an irgend etwas verteidigt, um ein bestimmtes Ziel zu erreichen, dann läuft man Gefahr, den Glauben zu prostituieren. Man glaubt etwas, weil man von seiner Richtigkeit überzeugt ist, und man glaubt etwas nicht, weil die Beweise dagegen sprechen. Es handelt sich also um die Bereitschaft, auf dieser Basis zu glauben, ungeachtet der möglichen Konsequenzen, einfach weil man von der Wahrheit überzeugt ist, die den Geist des Menschen befreit. Wie wir weiter oben sahen, ist der Glaube an einen übernatürlichen Schöpfer notwendig, und zwar als einfache logische Folgerung, denn die Beweise sind zur Hand. Er paßt zu den uns bekannten Fakten. Wenn wir uns diesen Beweisen unterwerfen, ungeachtet der Konsequenzen für unser privates Leben und ungeachtet der öffentlichen Meinung, dann werden wir von der Sklaverei befreit, unserem Geist dadurch Gewalt antun zu müssen, daß wir diesen Beweis akzeptieren, jenen jedoch zurückweisen. Der offene, nicht gefesselte Geist hat die Freiheit, alle Beweise ohne Voreingenommenheit und Vorurteile abzuwägen. Die Folge ist die Befreiung des Geistes.

Ein Nebeneffekt dieser Befreiung des Geistes dadurch, daß man sich die Wahrheit aller vernünftigen, sachdienlichen Beweise zu eigen macht, woher sie auch immer stammen mögen, besteht darin, daß der Geist damit fortfahren kann, weitere Aspekte des Wesens der Realität zu verstehen und zu akzeptieren. Dies ist unmöglich, solange der Wissenschaftler *a priori* behauptet, daß die Wirklichkeit nur materieller Natur sei. Ein Geist, der so verfährt, ist einfach ein Geist, der durch seine eigenen begrenzten Voraussetzungen gebunden ist. Solche Fesseln neigen dazu, ihn zu beschränken, einzuengen und deswegen zu frustrieren. Der Geist nämlich bedarf der Freiheit, um nach Belieben umherzuschweifen.

Der naturwissenschaftliche Materialismus in den Schulen

Unsere Schulen und Universitäten befinden sich größtenteils in der Hand naturwissenschaftlicher Materialisten. Das mag die meisten von uns nicht interessieren, die Klassenraum und Hörsäle verlassen haben. Aber es spielt sicherlich eine Rolle für unsere Kinder, die diese materialistischen Doktrinen gelehrt werden, als ob sie die gesicherten, unwiderlegbaren Ergebnisse aller anerkannten Wissenschaft darstellten. *Unsere Kinder und unsere Studenten benötigen intellektuelle Munition, die sie befähigt, sich selbst gegen ihre Lehrer und Professoren zur Wehr zu setzen, wenn diese ihre Propaganda unter dem Schutz der akademischen Freiheit des Staates und der Schul- und Universitätsbehörden verbreiten.*

Wir wollen jedoch nicht vergessen, daß gerade der Steuerzahler die eigentliche Energie für die Schulbehörden liefert, wenngleich auch diese und die Universitätsbehörden ihre Gewalt ausnutzen, um die ihrer Obhut anvertrauten Studenten zu indoktrinieren. Seine Steuern nämlich sind letzten Endes die Quelle der Triebkräfte, die den Staat erhalten. Der Steuerzahler sollte es deshalb unmißverständlich klarstellen, daß die von ihm finanzierte Erziehung nicht aus einer Indoktrination mit dem naturwissenschaftlichen Materialismus bestehen sollte, sondern aus einer Vorbereitung für eine reale, ausgewogene Berücksichtigung *aller* Beweise, die über das Verhältnis des Menschen zum übrigen Universum vorliegen. Das Ergebnis wird ein Exposé der wahren Natur unserer Realität sein. Zugleich werden viele Früchte des naturwissenschaftlichen Materialismus eines schnellen natürlichen Todes sterben.

Nur wenn wir dafür sorgen, daß unsere Schulen und Universitäten einen Studenten wirklich vorbereiten, indem sie ihm in ausgewogener Weise alle Aspekte der Beweise präsentieren, über die wir hinsichtlich des Wesens der Realität verfügen, werden wir beginnen, in echter Weise gebildete Studenten hervorzubringen, anstelle bloßer Parteigänger, wie sie die Kommunisten erzeugen. Falls man die „Rechte des Menschen" in einer Gesellschaft zu erhalten wünscht, muß man die Basis für solche Rechte erhalten, die fest in einem übernatürlichen Glauben an Herkunft und Zukunft des Menschen verankert ist. *Dieser Anker wurde im Licht der allerneuesten Kybernetik und auch, wie wir bereits sahen, der Molekularbiologie getestet und für zuverlässig befunden.*

Die Grundlage der westlichen Kultur

Die westliche Kultur wurde auf der Vorstellung aufgebaut, daß Recht und Ordnung aus transmateriellen Quellen stammen. Ohne sie würde unsere heutige Technologie kaum möglich geworden sein. Falls jemand die Richtigkeit der obigen Aussage bezweifelt, so rät ihm der Verfasser, sich aufzumachen und in einem orientalischen Land wie der Türkei in einem Laboratorium (gestiftet von dem „großzügigen Onkel Sam") zu arbeiten. Die Grundlage für die Entdeckung neuer wissenschaftlicher Erkenntnisse ist in solchen Ländern häufig einfach nicht gegeben. Aber es würde an dieser Stelle zu weit führen, ins Detail zu gehen.[2]

Was war jedoch die Grundlage von Recht und Ordnung, welche den Boden darstellen, auf dem westliche Kultur und Wissenschaft geboren und genährt wurden? Sicherlich nichts als das Gesetz und die Ordnung, die von Mose und der Heiligen Schrift vorgeschrieben wurden: „Du sollst lieben den Herrn, deinen Gott" war unlöslich verbunden mit „Du sollst deinen Nächsten lieben wie dich selbst". Unsere Gerichte benutzen die Bibel, um alle Streitigkeiten in bezug auf die Wahrheit zu schlichten und können einen Zeugen auffordern, bei der Wahrheit dieses Buches zu schwören. So stellt die Bibel also zweifellos das Fundament dar, auf dem alles Recht und alle Ordnung in unserer westlichen Kultur ursprünglich errichtet waren. Dies heißt nicht, daß die Menschen auch tatsächlich nach der Bibel lebten. Das war nicht der Fall. Wir alle haben die Bibel in unserem täglichen Leben verleugnet. Die Tatsache jedoch bleibt bestehen, daß die Bibel – wenngleich sie zu hoch für uns war – doch eine feste Grundlage auch für den modernen säkularen Staat lieferte. Was hat nun der naturwissenschaftliche Materialismus mit dem Buch gemacht, das, eigener Aussage nach, übernatürlichen Ursprungs ist? Wie ist er dem Grundpfeiler unserer Kultur begegnet? Er hat es zerfetzt und damit zugleich den übernatürlichen Anker zerstört, mit dem unsere Gesellschaft gesichert war. Er hat nämlich die Behauptung verbreitet, daß die Bibel wissenschaftlich unhaltbar sei und keinen Anspruch auf übernatürlichen Ursprung habe. Der naturwissenschaftliche Materialismus behauptet, daß der Bericht, den die Bibel von der Schöpfung der Materie und des Lebens durch Gott gibt, grundsätzlich inakzeptabel sei. Der Zufall (Chaos) schuf alles, nicht Gott (Logos), wie die Bibel so fest behauptet.

Wenn ein Schiff in einem belebten Hafen seine Vertäuung versäumt, dann läuft es Gefahr, mit anderen Schiffen katastrophal zu kollidieren. Der Hafen dieser Welt ist sehr belebt, die Bevölkerung explodiert, das Risiko einer Kollision in unserem Hafen ist riesengroß. *Die Staatsschiffe treiben dahin, und gerade der naturwissenschaftliche Materialismus hat die Taue gekappt und das Schiff unserer westlichen Kultur seines Kapitäns, seines Ankers, seiner Karten und seines Kompasses beraubt.* Sicherlich ist es an der Zeit, daß wir diesen Raub als echte Katastrophe erkennen. Er basierte nie auf Wahrheit oder Gerechtigkeit, sondern auf der gewaltsamen (intellektuell gewaltsamen) Unterdrückung oder Manipulation von Beweisen. Man muß deshalb Mittel finden, um unseren Studenten wieder die totale Beweisfülle vor Augen zu führen, so daß sie sich selbst entscheiden und ihre eigenen Wege bestimmen können, anstatt ihre wissenschaftliche Überzeugung durch die naturwissenschaftlichen Materialisten vorbereitet zu finden, die immer noch sehr eifrig bemüht sind, die Beweise in ihrem eigenen Interesse zu manipulieren.

Ein praktisches Beispiel für die Bestrebungen des Establishments

In der Ausgabe von „Science" vom 29. September 1972, *177*, 1155 war ein Leitartikel abgedruckt, der die Überschrift trug: „Zwei Köche in derselben Küche." Er begann mit den Sätzen: „Es gibt Grund für die Annahme, daß die Differenzen zwischen religiöser Lehre und wissenschaftlichem Denken, soweit es die Frage des biologischen Ursprungs anbetrifft, durch den Huxley-Wilberforce-Disput vor einhundert Jahren beigelegt wurden oder auf jeden Fall durch die Verfügung des Supreme Court von 1968, die ein langlebiges Statut des Staates Arkansas gegen die Verbreitung von Evolutionslehren außer Kraft setzte. Die Lage ist jedoch noch immer nicht geklärt, und die jüngsten Ereignisse in Kalifornien rechtfertigen die gespannte Aufmerksamkeit jedes Bürgers, Wissenschaftlers, Theologen oder was er sonst sein möge."

Dazu muß man folgendes hinzufügen, um ein wahres, nicht auf Beweismanipulation gegründetes Bild zu liefern. Die Huxley-Wilberforce-Debatten vor hundert Jahren beruhten auf Huxleys Wissenschaft und Wilberforces Theologie. Heute würde es kein Wissenschaftler wagen, mit den wissenschaftlichen Fakten zu argumentieren, die Huxley vor hundert Jahren zur Verfügung standen. Huxleys Wissenschaft ist passé. In ähnlicher Weise würden viele Theologen heute nicht Gefahr laufen wollen, Wilberforces Theologie zur Untermauerung ihrer Ansichten zu benutzen. Wissenschaft und Erkenntnis sind Kräfte, die im Fluß sind. Ist es nicht in der Tat sehr seltsam, um es noch gelinde auszudrücken, daß William Bevan, der Verfasser des Leitartikels in „Science", den Standpunkt vertritt, daß jede Frage, die die Bibel und biologische Anfänge betrifft, von Huxley vor einhundert Jahren geklärt wurde!

Offensichtlich war es ein Fehler, die Evolutionslehre in Arkansas zu verbieten. Man sollte sie in angemessener Weise als eine Interpretation der wissenschaftlichen Fakten lehren dürfen und sie mit anderen Interpretationen der Fakten vergleichen, einschließlich der Schöpfungslehre. Dies jedoch wünschen die naturwissenschaftlichen Lehrer nicht. William Bevan nämlich führt an, daß das State Advisory Committee im Herbst des Jahres 1969 nach jahrelanger Arbeit und mit Billigung der Curriculum Development and Special Materials Commission der State Board of Education einen neuen naturwissenschaftlichen Rahmenplan vom Kindergarten bis zur Secondary School präsentierte. Während der Prüfung dieses Dokuments durch die Board wurde der Einwand erhoben, daß das Komitee bei seinen Ausführungen über den Ursprung des Lebens nicht einmal auf den Schöpfungsglauben hinweise. Im Laufe der sich anschließenden Diskussion wurde der Rahmenplan dann so verändert, daß er die Schöpfungstheorie als Ergänzung zur Evolutionstheorie einschloß und akzeptierte. Das Komitee protestierte scharf gegen diese Abänderung, jedoch ohne Erfolg. Nachfolgende Stellungnahmen der Board legen die Vermutung nahe, daß sie allen in Kalifornien zuzulassenden naturwissenschaftlichen Lehrbüchern die Auflage erteilen will, eine ernsthafte Darstellung der Schöpfungslehre einzuschließen. Was sich hinter den Kulissen abspielt, ist recht offensichtlich. Die Verfechter der Evolutionslehre üben seit Huxley und Wilberforce praktisch das Monopol auf dem Markt biologischer Lehrbücher aus. Jetzt beginnen die Erziehungsbehörden sich dieser Sachlage bewußt zu werden und sich zu vergegenwärtigen, daß neben der evolutionären Erklärung der Fakten des biologischen Ursprungs auch noch andere Erklärungen ernsthaft in Frage kommen. Die Evolutionisten kämpfen mit Zähnen und Klauen darum, ihre Hegemonie im Biologieunterricht vom Kindergarten an aufwärts nicht einzubüßen. *Diese Hegemonie beruht auf genau den gleichen Prämissen wie Monods „Zufall und Notwendigkeit“, nämlich der Unterschlagung der anderen Seite des Arguments, das heißt: auf der Unterschlagung von Beweisen.*

Jeder, der an der Wahrheit interessiert ist, muß beiden Seiten freien, ungehinderten Raum für die Darstellung ihrer Interpretation der Wahrheit geben, so, wie sie sie sehen. An dieser Stelle wird Dr. Bevan beredt: „Die Folgen dieser Aktionen sind verschiedenartig und ernster Natur. Zuerst wird das, was für Kalifornien ‚gut' ist, wahrscheinlich auch für den Rest der Nation ‚gut' werden, da Kalifornien 10 % aller in den Vereinigten Staaten verkauften Lehrbücher kauft. Wenn die Verleger nicht bereit sind, spezielle Ausgaben für Kalifornien zu drucken — und wahrscheinlich sind sie das nicht —, dann werden die für Kalifornien geltenden Maßstäbe wohl oder übel auch für viele andere Staaten Gültigkeit erlangen."

Dies bedeutet natürlich, daß Evolutionisten und Materialisten in schärfster Weise dagegen protestieren, daß in den Kindergärten und Schulen irgendwelchen nicht-evolutionistischen Ansichten neben dem naturwissenschaftlichen Materialismus in fairer Weise Gehör verschafft wird. Es trifft nämlich nicht zu, daß das Komitee darum ersuchte, Evolutionslehre in Kalifornien zu unterdrücken, sondern es forderte, daß neben der Evolutionslehre auch andere Ansichten in ernsthafter Weise zu Gehör kämen. Sicherlich sollte keinem bei diesem Vorschlag des Komitees der Kragen platzen, außer jenen natürlich, die bestrebt sind, die evolutionäre Hegemonie aufrechtzuerhalten!

Auch der nächste Schritt von Dr. Bevan ist bezeichnend. Er schreibt: „Zweitens wird der Erfolg dieses Schrittes einen zweiten, dritten oder vierten Schritt auf die Politisierung des Klassenzimmers hin viel leichter machen, denn wenn der Staat den Inhalt einer Wissenschaft diktieren kann, spielt es keine Rolle, ob ihre Motivation mehr religiöser als politischer Natur ist." Bevan kommt dann in seiner Tirade — denn genau das ist es — auf die Parallelen zu sprechen, die Lysenko und der russische Staat liefern, wobei der letztere im Interesse seiner eigenen Religion, des Marxismus, in die Wissenschaften eingriff.

Die Sache läßt sich mit Sicherheit auf etwas ganz Einfaches zurückführen, nämlich dies: Der Staat finanziert die Erziehung mit Geld, das ihm vom Steuerzahler anvertraut ist. Dieser sollte eine Erziehung von der Art erhalten, wie er sie wünscht und bezahlt. Er ist des Monopols überdrüssig, das die naturwissenschaftlichen Materialisten nun seit hundert Jahren ausüben, und er ist des Unterdrückens der anderen, wissenschaftlich in gleicher Weise zu rechtfertigenden Schöpfungstheorie müde. Deshalb sorgt der

Staat als Verwalter der öffentlichen Gelder nun dafür, daß die Hegemonie im Klassenzimmer vom Kindergarten an aufwärts gebrochen und garantiert wird, daß den Studenten beide Seiten ernsthaft und sachlich dargeboten werden, so daß er – wie bei allen demokratischen Entscheidungen – seine eigene Entscheidung treffen kann. Dies bedeutet sicherlich, daß die Politisierung der Schule durch die naturwissenschaftlichen Materialisten aufhören soll. Warum hat Dr. Bevan denn ein so schlechtes Gefühl bei diesem Vorgang?

Er glaubt, daß die ganze Auseinandersetzung von der Tatsache herrühre, daß die naturwissenschaftlichen Methoden nicht mit Erfolg zu der wissenschaftlich ungebildeten Öffentlichkeit durchgedrungen seien. Wenn die uninformierte Öffentlichkeit nur in der Lage gewesen wäre, die dem Darwinismus und naturwissenschaftlichen Materialismus zugrunde liegenden Prinzipien einzusaugen, dann wäre diese Situation niemals entstanden!

An dieser Stelle sehen wir, daß sich Dr. Bevan der gleichen Technik wie Monod bedient. Jeder „informierte" Mensch muß heute Materialist sein und die Evolutionslehre bejahen. Nur die Dummen tun dies nicht. De Beer, mein alter Professor in Oxford, bediente sich genau der gleichen Taktik. Tatsache aber ist, daß die Öffentlichkeit zu erkennen beginnt, daß diese Technik im Mittelalter von der Kirche angewandt wurde, um dem Laienvolk Bildung, Wissen und deshalb Macht zu verwehren. Früher oder später aber versagt diese Methode.

Es gibt in Dr. Bevans Artikel einen bemerkenswert wahren Satz. Er lautet: „Sicherlich ist er (der Glaube an einen Schöpfer) keine logische Ergänzung der Evolutionstheorie." In diesem einen Satz gab Dr. Bevan gewiß ein zutreffendes Orakel.

Molekularbiologische und informationstheoretische Erwägungen bringen uns heute zu der Ansicht, daß die Evolutionstheorie in der Tat wenig zu tun hat mit der Wahrheit über biologische Anfänge oder der Entwicklung der gesamten Schöpfung.

Dr. Bevan sagt so treffend: Die Evolutionstheorie hat wenig mit den Ideen zu tun, welche einer Schöpfung zugrunde liegen. Diese nämlich beinhaltet *zunächst* die gedankliche Konzeption eines

Mechanismus oder einer Maschine, so daß sie später innerhalb der Grenzen der Naturgesetze und unter ihrer Ausnutzung arbeiten wird. *Der wichtige Punkt am Schöpfungsglauben besteht in einem Logos oder Denkkonzept hinter der Maschine oder dem Artefakt-Design und der Teleonomie. Dagegen beruht das Hauptgewicht des naturwissenschaftlichen Materialismus heute darauf, daß das Denkkonzept der Schöpfung durch Nicht-Denken, Nicht-Konzept oder Zufall ersetzt wird.*

Es erweist sich als hartnäckiges Faktum in der heutigen molekularbiologischen Forschung, daß die gesamte Biologie nach dem Prinzip der Codierung und Simulation arbeitet, um die Maschinerie in Gang zu halten. Diese Codierung erfordert Informationen. Codeformationen und Informationsinterpretation unserer experimentellen Befunde basieren immer auf Intelligenz. Und schließlich, daß die als Erzeuger all dieser Information und Codierung anzusehende Intelligenz keinen Platz in der uns bekannten Materie besitzt. Deshalb ist es für uns doch vollkommen logisch, daß wir uns dazu entschließen, überall, wo wir nur können, nach einer solchen Intelligenz Ausschau zu halten. Genau bei unserer Suche nach dieser hinter Codierung und Codes stehenden Intelligenz haben sich schöpfungsmäßige Vorstellungen in Vergangenheit und Gegenwart als so nützlich erwiesen, und zwar – trotz Dr. Bevans Ausführungen – bei der Entwicklung von Vorstellungen über biologische Anfänge wie auch bei der Bestimmung der Beziehung des Menschen zu dem Rest der Welt.

Wir wollen ein typisches Beispiel für die Nützlichkeit einer Schöpfer-Konzeption nehmen und es im Lichte moderner Technik betrachten: „Deine Augen sahen mich, da ich noch unbereitet war, und alle Tage waren auf dein Buch geschrieben, die noch werden sollten, als derselben keiner da war“ (Ps. 139, 16).

Hier finden wir das typische schöpfungsmäßige Konzept, daß ein Wesen, eine Zelle oder ein Organismus zuerst als Konzept oder Logos ausgearbeitet wurde, bevor die Idee oder der Plan später durch eine Einkleidung in Fleisch und Blut, das heißt in Materie, realisiert wurde. *Dies ist doch sicherlich die Art und Weise, wie jeder Wissenschaftler heute an eine Synthese heran-*

geht? Er durchdenkt sie zunächst vollständig mit Hilfe gewöhnlicher Simulierung, dann begibt er sich zu seinem Arbeitsplatz und kleidet seine Idee in Chemikalien ein. Auf diese Art hofft man demnächst Leben herzustellen. Warum sollten solche Vorstellungen einer Schöpfung steril sein, wie Dr. Bevan und so viele andere naturwissenschaftliche Materialisten uns zum Vorwurf machen, wenn doch die schöpfungsmäßige Methode genau diejenige darstellt, deren sich heute alle kompetenten und erfolgreichen Naturwissenschaftler bedienen? Sind *ihre* Methoden etwa auch in Wirklichkeit steril? Und weshalb kann derjenige, welcher an eine Schöpfung glaubt, den Vorwurf erheben, daß die Evolutionskonzepte steril seien? Nun, einfach deswegen, weil sie das Wirken der Planung durch das Nicht-Wirken und Nicht-Konzept des Zufalls ersetzen. Da die Naturwissenschaftler nun schon seit Jahren einsehen, daß die konzeptionslose Synthesemethode nicht funktioniert, haben sie sie selbst verlassen, weil sie eben steril ist. Heute greift niemand mehr zu einem Mischer, um Synthesearbeit dadurch zu leisten, daß er den Zufall, nicht aber die Planung als Stütze der Synthese benutzt.

Faktisch arbeiten wir alle – und jeder Naturwissenschaftler – mit Hilfe der Konzeptions- und Planungsmethode und führen so Informationen, nicht Zufall, in die Materie ein, und zwar deswegen, weil diese Methode erfolgreich ist und zum gewünschten Ziele führt. Warum wird von uns, unseren Schulen und Universitäten dann zwangsweise die Anschauung verlangt, daß die Welt mit Hilfe der konzeptionslosen Methode geschaffen wurde, da wir doch heute mit Bestimmtheit wissen, daß jene Methode so steril ist, daß wir sie nicht einmal für eine kleine Schöpfung (Synthese) in unseren Laboratorien verwenden? Über hundert Jahre Arbeit, die sich auf die evolutionäre Theorie der Konzeptionslosigkeit gründete, hat uns der Lösung des Ursprungsproblems keinen Schritt nähergebracht, und dies scheint auch für die Zukunft nicht zu erwarten zu sein. Die Schöpfungstheorie dagegen hat im Verein mit Code- und Informationstheorien gewaltige Fortschritte gemacht.

Die Evolutions- und Zufallstheorien stehen in radikalem Gegensatz zu den Konzepten, die einer Schöpfung zugrunde liegen. Haben wir z. B. den Unterschied zwischen beiden von dem Gesichtspunkt aus genügend berücksichtigt, daß die Evolutionstheorie davon ausgeht, daß das Wirken von Nicht-Intelligenz Maschinen (die Zelle) hervorbringt, während Schöpfung auf Intelligenz beruht? Wenn sich heute ganze Nationen mit der Vorstellung anfreunden, daß der Zufall alles vollbringt (sogar Supermaschinen wie die Zelle konstruiert), wenn man ihm nur genügend Zeit läßt, anstatt sich daran zu machen, das Konzept verstehen zu lernen, daß nur die Intelligenz solche Arbeit leisten kann und daß, je mehr Intelligenz man in ein Projekt steckt, desto geringer die benötigte Zeit für die gleiche Syntheseleistung ist, dann treten die Konsequenzen offen zutage. Der Glaube, daß der Zufall alles rechtzeitig ausführen wird, muß zu einer geistigen *Laisser-faire*-Haltung führen, faktisch zu einem Geist, der alles schluckt, eben zu jener Geisteshaltung, die das Gefüge des Westens zunehmend untergräbt. Der Westen nämlich gründet sich auf das Konzept, daß es keinen Ersatz für harte Intelligenzleistung gibt. Die Evolution hat angeblich einen Ersatz gefunden mit all seinen Konsequenzen für das tägliche Leben. Wenn *laissez-faire* (alles dem Zufall überlassen, er wird es selbst aussortieren) alles bewirkt, weshalb dann arbeiten? Die sich anschließende Frustration beginnt schnell unter jenen, die arbeiten; und jene, die arbeiten, geben auch bald das Arbeiten auf.

Wie ich an anderer Stelle (The Drug Users, H. Shaw Publishers, Wheaton, 60187, Illinois, USA) ausführte, stellen Frustration und die offenkundige Sinnlosigkeit des Lebens einen der Hauptgründe für den Mißbrauch psychedelischer Drogen wie Haschisch und LSD dar. Wenn man jene Drogen nämlich zur Erzeugung eines psychedelischen „Peak“ benutzt, dann bewirken sie in der Tat eine Simulation der Transzendenz, das heißt, einen „Transmaterialismus“, der von der Transzendenz hinter der Materie her dieser eine Art Sinn gibt. Mit anderen Worten: Unsere Generation, die so lange mit evolutionär-materialistischen Lehren über das Leben und seine Entstehung gefüttert wurde, leidet an Hunger nach Sinn hinter der bloßen Materie, d. h. nach „Transmaterialismus“. Sie versucht deshalb automatisch, diese Flut des Materialismus und die folgende Unterernährung mit „transmateriellem Sinn“ dadurch zu heilen, daß sie im psychedelischen Erlebnis eine Art von synthetischem „Sinn“ schafft.

Im Endeffekt kommt das dabei heraus, was wir bereits anführten, daß man nämlich die Herkunft des Belebten so lange im Zufall gesucht hat, daß man dem Zufall intelligente Eigenschaften zuschreibt. Aber wenn man die Frage nach der Entstehung einer Supermaschine wie der Zelle im kalten, berechnenden Licht der Vernunft betrachtet, dann weiß man sicherlich aus aller Erfahrung (d. h. aus dem Experiment), daß nur die Intelligenz, nicht aber der Zufall, die Naturgesetze so anwenden kann, daß sie die Grundlage für eine sachdienliche, funktionierende Maschine abgeben.

Wir sind damit an einem Punkt angekommen, an dem wir das Werk der Intelligenz (Maschinenbau) dem Zufall zuschreiben und so den Zufall intelligent machen. Und da die Menschen früher glaubten, daß das, was die Welt und das darauf befindliche Leben schuf, Gott gewesen sein muß, sind wir heute also zu dem Glauben gekommen, daß bei der Schaffung der Natur der Zufall die Arbeit der Intelligenz übernahm. So haben wir den Zufall vergöttlicht. Das läßt die Evolution zu der religiösen Lehre von Zufall hinter der Natur werden, die anstelle der alten (täglich im Labor bewiesenen) Lehre tritt, daß intelligente Planung das Werk vollbracht hat.

Einige Folgen aus dem Tod des naturwissenschaftlichen Materialismus

Wir wollen uns nun einige praktische Konsequenzen der Vernichtung des naturwissenschaftlichen, neo-darwinistischen Materialismus vor Augen führen.

1. Der darwinistische Materialismus bildet einen der wissenschaftlichen Eckpfeiler der marxistisch-kommunistischen Lehre. Zerstöre diesen Eckpfeiler, und du vernichtest einen der Haupt-

programmpunkte der kommunistischen Weltrevolution, sowohl russischer als auch chinesischer Prägung. Immer dort, wo eine dieser beiden Gruppen auftaucht, predigen sie die darwinistische Evolution zur Erklärung der menschlichen Herkunft als Grundlage ihrer Ansichten.

Man überlege sich die Auswirkungen, die ein Herausbrechen dieser Planke aus der kommunistischen Plattform haben könnte. Die Zerstörung eines der intellektuellen Hauptpfeiler des Kommunismus würde mehr zur Unterminierung der gesamten Idee der Weltrevolution beitragen als irgendeine großartige Waffentat.

2. Die materialistische Sicht des Menschen und seiner Herkunft hat die Vorstellung der westlichen Kultur von einem übernatürlichen Gott ernsthaft unterminiert. Viele würden diese kleine „Veränderung" der Theologie des Menschen an sich nicht für bedeutsam halten. In der Tat treten die Konsequenzen dieser „Veränderung" erst dann zutage, wenn ihre Auswirkungen auf der Grundlage von Recht und Ordnung in der modernen Gesellschaft sichtbar werden. Wenn es nämlich keinen übernatürlichen Gott gibt (wie Monod mit aller Bestimmtheit behauptet), dann sind die übernatürlichen Gesetze Gottes, auf welche unsere Kultur ihre Gesellschaft gründet, nicht länger bindend.

So hat der moderne Materialismus das alte jüdisch-christliche Rechtssystem unterminiert und durch Systeme von *Ad-hoc*-Gesetzen ersetzt, wie wir sie im Westen, in Rußland und China beobachten. Die Frage lautet: Halten wir diese Folge des Materialismus für hilfreich bei der Bewahrung einer freien und (in materieller wie auch in psychologischer Hinsicht) blühenden Gesellschaft? Wir sollten nicht vergessen, daß die materialistischen Systeme, seien sie nun russischer, chinesischer, nationalsozialistischer oder faschistischer Prägung, immer die Geheimpolizei, die Konzentrationslager, die Manipulation der Nachrichtenmedien und in letzter Zeit den organisierten Terror hervorgebracht haben.

3. Da der Materialist glaubt, daß hinter uns kein Denkkonzept oder Logos steht, kann es offensichtlich auch kein Denkkonzept vor uns geben. Wenn wir sterben, ist dort ein Nichts, denn auch hinter uns steht ein Nichts. Es gibt also – für den Fall, daß in diesem Leben eine Person der Gerechtigkeit entging – keine Gerechtigkeit nach dem Tode.

Die logischen Konsequenzen dieser Überzeugung liegen auf der Hand. Nimm, soviel du kannst. Iß, trink und sei fröhlich, denn morgen sind wir tot. So wird der Mensch, wenn er in materialistischer Weise vernünftig ist, zum vollständigen, überzeugten Egoisten. Die Frage ist nur, welches die Auswirkungen dieser Frucht des Materialismus in einer eng zusammenhängenden Gesellschaft sein werden. Für sich selbst und für das Heute leben, das muß die Parole solcher Ansichten sein.

4. Dies bringt uns zu dem nächsten, damit verwandten Punkt. Wenn ein Mensch beginnt, allein für die Gegenwart und für sich selbst zu leben, dann verändert sich sein Charakter. Ein Tier mag für das Heute und für sich selbst leben, aber sicherlich nicht der Mensch. Diese Wirkung wird von der Tatsache verstärkt, daß ein Geist, der sich nicht mit Dingen und Vorstellungen nährt und beschäftigt, die schön und intellektuell befriedigend sind, sich nicht so entfaltet und bereichert, wie er es könnte. Wie funktioniert ein Geist, welcher glaubt, daß der Zufall für alle Schönheiten der Natur verantwortlich zeichnet? Kann er in der „Tiefe seines Seins" (um Tillichs Ausdruck zu verwenden) den Zufall bewundern und ihm danken? Der Mensch, der an seinen Schöpfer glaubt, kann „in der Tiefe seines Seins" sich an ihn wenden und ihm in der Gemeinschaft mit ihm für all die Freuden der Schönheit danken, die er erlebt. Dadurch wird die Welt seines gedanklichen Konzepts in ihm bereichert. Dies wiederum bereichert *ihn*. Im konsequenten Materialismus gibt es kaum eine Grundlage für einen derartigen Vorgang. Gerade das Konzept eines Logos hinter der Schöpfung läßt den Geist sich zu der Bemühung anspannen, seine Konzepte aufzunehmen und „einzuschließen".

All dies erinnert mich an einen Katechismus, den ich lernte, als ich noch recht klein war. Die Frage, die der Pfarrer dem Kandidaten stellte, lautet: „Was ist der Hauptzweck des Menschen?" Die gewünschte Antwort lautet: „Der Hauptzweck des Menschen ist, Gott kennenzulernen und sich für immer an ihm zu freuen." Eine solche Nahrung des Geistes muß ihn doch sicherlich bereichern. Wenn der winzige Logos, der Mensch heißt, in dem großen Logos hinter ihm schwelgen kann, dann werden die menschlichen Konzepte sowohl an Größe als auch an Qualität wachsen.

1 Herkunft und Zukunft des Menschen. Hänssler-Verlag, Neuhausen-Stuttgart 1972, S. 165—211
2 Vgl. mein: „Modern Turkey — Heaven and Hell"

Epilog

Während der bekannten Galileo-Episode mit den vier Kardinälen der etablierten römisch-katholischen Kirche ereignete sich folgendes: Die Kardinäle glaubten an ein falsches Weltbild, das von dem damaligen Establishment allgemein und dogmatisch verteidigt wurde. Ihre falsche Sicht gründete sich nicht so sehr auf falsche Fakten, als vielmehr auf eine falsche Interpretation dieser Fakten. Galileos Instrumente zeigten die Fakten in einem solch neuen Licht, daß er die Kardinäle aufforderte, eben einen Blick durch sein Teleskop auf die vier Monde des Jupiters zu werfen und sich selbst zu überzeugen.

Falls jene Kardinäle diesen Blick auf die vier Jupitermonde geworfen hätten, würden sie gezwungen gewesen sein, alle ihre Überzeugungen über das Wesen der Realität und des Alls zu ändern. Deshalb wählten sie den offenkundigen Weg aus dem Dilemma. Sie lehnten es standhaft ab, sich und ihre Augen mit einem Blick durch das teuflische Teleskop zu beschmutzen. Sie blieben der neuen Wahrheit gegenüber blind, weil sie sich weigerten, neue Beweise zu sehen und anzuerkennen.

Im Vorangegangenen haben wir versucht, einige dieser neuen Beweise — teils aus der Computer- und Informationstheorie — zusammenzustellen und sie mit Beweisen zu vergleichen, die durch neue Instrumentation ans Licht gebracht wurden. Wir versuchten zu zeigen, wie Codierung und Informationstheorie beide einen Konzeptentwerfer, einen Logos, hinter jedem Code – einschließlich des genetischen Codes – verlangen.

Der genetische Code wurde unter Verwendung neuer Techniken entdeckt, geradeso wie Galileo die vier Jupitermonde mit Hilfe neuer Techniken aufdeckte. Neue Techniken haben gezeigt, daß man einen Code nur durch Planung erklären kann. Aus dem Zufall (d. h. aus Nicht-Information) können keine Informationen spontan entstehen. Sie erfordern immer ein hinter ihnen stehendes Konzept.

Weshalb verhalten sich die materialistischen „Naturwissenschaftler“ noch immer wie die Kardinäle der etablierten Kirche

Roms im Mittelalter? Die Macht korrumpierte die Kardinäle jener Zeit. Vielleicht übt sie heute den gleichen Einfluß auf die neuen „Kardinäle“ der Naturwissenschaft aus!

Neues Licht auf die Fakten der Natur, wie z. B. die Aufdeckung des genetischen Codes und seiner Information, verlangt zu seiner Erklärung neue Theorien. Warum verweigern die naturwissenschaftlichen Materialisten standhaft eine Erklärung dessen, was sie mit Hilfe neuer Theorien wie jener über Information und Codierung sahen, nachdem sie einen Blick in die von ihnen selbst entwickelten Instrumente geworfen haben? Natürlich bedeutet es immer eine Demütigung, wenn man zugeben muß, daß man im Lichte neuer Fakten seine alten Ansichten zu modifizieren hat. Das fällt aus diesem oder jenem Grunde besonders dort schwer, wo die zu modifizierenden Ansichten religiöser Art sind. Gerade an dieser Stelle drängt sich die Vermutung auf, daß die naturwissenschaftlich-materialistischen und darwinistischen Ansichten in der Praxis oft zu Überzeugungen geworden sind, die mit religiöser Hartnäckigkeit vertreten werden. Den Grund dafür braucht man nicht lange zu suchen. Sie haben die Synthese (Schöpfung) dem Zufall und einem konzeptionslosen Mechanismus (natürlicher Auslese) als ihre Philosophie des Lebens und seiner Bedeutung zugeschrieben. Da das Leben offensichtlich nach ihrer Meinung kein Konzept besitzt, kann es auch keinen wie auch immer gearteten Sinn haben, so daß die naturwissenschaftlich-materialistische Religion in Wirklichkeit eine nihilistische Religion darstellt.

Und doch lehren uns alle unsere experimentellen Wissenschaftler heute, daß hinter allen Codes, Synthesemethoden und hinter der Schöpfung ein Konzept existieren muß. Dies bildet die echte Grundlage des Schöpfungsglaubens. Man bekämpft ihn heute einfach dadurch, daß man Beweise ausschließt – Beweise für die Übernatur –, die durch die Codes und Konzepte der Natur und des Belebten verbürgt wird. Nur durch den Ausschluß der klaren Beweise, welche die Codes und Baupläne der biologischen Maschinerie um uns herum und in uns liefern, können die Monods von heute hoffen, die Hegemonie des naturwissenschaftlichen Materialismus aufrechtzuerhalten, der nun schon seit über hundert Jahren herrscht.

Um die Angelegenheit schließlich zum Abschluß zu bringen, wollen wir Monod selbst zu Worte kommen lassen:

„L'univers n'était pas gros de la vie, ni la biosphére de l'homme. Notre numéro est sorti au jeu de Monte-Carlo." (Le Hazard et la Nécessité, Jacques Monod, S. 161) — (Das All war nicht schwanger mit Leben, noch war die Biosphäre schwanger mit dem Menschen. Unsere Zahl tauchte eben im universellen Monte Carlo auf.) Die Andeutung, daß das System, welches die Zufallszahlen in Monte Carlo bewirkt — oder faktisch jedes System, das Zufall produziert —, jemals auch nur eine einfache Maschine konstruieren könne, ganz zu schweigen von der Supermaschine, die als selbstreproduzierende biologische Zelle bekannt ist, bedeutet, eine Oberflächlichkeit des Denkens zu entfalten, die man nur als seltsam bezeichnen kann. *Sie ist um so bemerkenswerter bei einem Mann, der den Nobelpreis verdienter- und gerechterweise für seine überragende Fähigkeit erhielt, die als Supermaschine bekannte biologische Zelle grundlegend dadurch zu verstehen, daß er Mittel zur Eliminierung der Folgen des Zufalls im Laboratorium entwickelte.* Wenn *bloßes* Verstehen der biologischen Zelle die Ausschaltung des Zufalls erforderte, wieviel mehr ihre ursprüngliche Konstruktion?

Monod selbst führt aus (New Scientist, 2. Nov. 1972, S. 280): „Die Maxwell-Geister sind in der Tat mit Fähigkeiten ausgestattet, welche einzig charakteristisch für menschliche Wesen sind Auswahl, Planung und Voraussicht." Er verweist dann auf Szilard, der bewies, daß, selbst wenn die Maxwell-Geister existieren würden, sie die Gesetze der Thermodynamik doch nicht verletzen könnten und würden, und daß das alte Dilemma zwischen Geist und Materie deshalb seine Lösung erfahre. In Monods Vorstellung liegt das Dilemma von Geist und Materie offensichtlich in der Nichtkonformität des Geistes zu den thermodynamischen Regeln. Falls der Geist sich nach den Gesetzen der Materie verhält, dann, so glaubt er, läßt er sich im Sinne der Materie erklären.

In unserem Bild der Konstruktion des Otto-Motors versuchten wir, diese Illusion zu zerstören. Der Motor funktioniert innerhalb der Gesetze der Thermodynamik, aber er kann nicht durch sie geschaffen werden, denn seine Konstruktion erfordert Wahlvermögen, Voraussicht und Planung . . . bei der Anwendung bekannter Gesetze.

Wenn das Leben selbst den Gesetzen der Thermodynamik gehorcht, dann – so lautet Monods These – muß es ein vollständig natürliches Phänomen darstellen, das durch den Materialismus allein zu erklären ist. Er trifft die wichtige Feststellung, daß die einzig für das Leben charakteristischen Eigenschaften sind: Auswahl, Planung und Voraussicht. Eben diese Eigenschaften benötigt man zur Konstruktion einer Maschine oder einer Zelle, die die Gesetze der Thermodynamik ausnutzen und anwenden. Es ist doch einleuchtend, daß die thermodynamischen Regeln allein die Entstehung eines Motors nicht erklären können, obwohl er innerhalb dieser Regeln funktioniert. Weil Leben oder Geist thermodynamischen Gesetzen gehorchen, bedeutet dies doch nicht, daß eben jene Gesetze Geist oder Leben erklären. *Wenn der Otto-Motor nach den Gesetzen der Wärmelehre arbeitet, dann war – nach dieser Logik – kein Geist nötig, um ihn zu konstruieren! Hier finden wir ein klassisches Beispiel für die Stupidität des naturwissenschaftlichen Materialismus, den Heitler als Antimaterialist ablehnt.* Und doch deuten Monod und die naturwissenschaftlichen Materialisten genau dies durchgehend in ihren Schriften an und häufen Verachtung auf diejenigen, welche an Geist hinter der Materie und dem Leben glauben, weil sie nicht mit ihren Denkweisen übereinstimmen.

Die Frage lautet: Wie können Monod und seine Freunde die notwendige Auswahl, Planung und Voraussicht – Eigenschaften des Lebens, welche zum Aufbau jeder funktionstüchtigen Maschine einschließlich der Lebensmaschine, der lebenden Zelle, erforderlich sind – bekommen, bevor die Materie durch die Anwendung von Auswahl, Planung und Voraussicht organisiert wurde, um solch eine Maschine zu schaffen? Auswahl, Planung und Voraussicht müssen sicherlich auf etwas anderem als der Materie „geritten“ haben, bevor diese existierte, um Leben und Materie – mit Hilfe von Auswahl, Planung und Voraussicht – ins Dasein zu rufen!

Um es kurz zusammenzufassen: Monod glaubt, daß die als Leben bekannte Auswahl, Planung und Voraussicht nur auf der

Materie „reiten“ können und daß Leben allein im Sinne des Materialismus erklärbar sei, da es den Gesetzen der Thermodynamik unterliegt. In Wirklichkeit leugnet Monod die Möglichkeit, daß es irgendeine andere Dimension jenseits der Materie gibt, auf der Auswahl, Planung und Voraussicht „reiten“ könnten, trotz der von Monod anerkannten Tatsache, daß nichtlebende Materie sie (Auswahl, Planung und Voraussicht) *nicht* aufweist! Läßt sich diese begrenzte Meinung über die alleinige Existenz der Materie vertreten? Offensichtlich nicht. Die untergeordnete Materie besitzt — gemäß den wohlbekannten, von uns bereits erörterten Hauptsätzen der Thermodynamik — keine Auswahl, Planung und Voraussicht. Offensichtlich muß also irgendeine Art von Auswahl, Voraussicht und Planung von außerhalb der Materie diese so geordnet haben, daß sie ihrerseits Auswahl, Voraussicht und Planung entwickeln konnte. Monod leugnet, daß es außer der Materie irgendein Substrat gäbe, auf dem diese Eigenschaften „reiten“ könnten. Angesichts der neueren Untersuchungen über künstliche Intelligenz, Informations- und Codierungstheorie, ganz zu schweigen von den jüngsten Forschungen auf dem Gebiet der paranormalen Phänomene, stellt dies sicherlich eine höchst gefährliche Absage dar.

Kann man also die Behauptung wagen, daß Wahlvermögen, Planung und Voraussicht bei der Schaffung und Organisierung der Materie aktiv waren, so daß sie ihrerseits Auswahl, Planung und Voraussicht ausüben kann? Eins ist absolut sicher: selbst Monod, falls er objektiv ist, sollte zugeben, daß Zufall und Willkür nicht Wahlvermögen, Planung oder sogar Voraussicht erzeugen können. Wenn man behauptet, dies sei doch der Fall, dann bedeutet dies, vor einem äußerst intellektuellen Nihilismus zu kapitulieren.

Postskriptum

In den vorhergehenden Ausführungen haben wir die biologische Zelle mit einer mechanischen Maschine verglichen. Mit diesem Vergleich möchten wir jedoch keineswegs andeuten, daß die biologische Zelle *nur* eine Maschine sei . . ., und zwar in dem Sinne, in dem der Otto-Motor eine bloße Maschine darstellt. Es gibt drei Hauptgründe dafür, daß wir unter keinen Umständen diese Ansicht vertreten möchten.

Zunächst sind die Komplexitäten der biologischen Zelle um ein Vielfaches größer als die irgendeiner mechanischen oder sogar elektronischen Maschine. Manche Wissenschaftler glauben, daß die Komplexität der Zelle um so viele Größenordnungen höher als die der von Menschenhand gemachten Maschine ist, daß es sich dabei eher um eine verschiedene Qualität als um Quantität handelt.

Zweitens gibt es Beweise dafür, daß das gedankliche Konzept (Logos), welches die Zelle (besonders die menschliche Zelle zumindest) ursprünglich ersann, sie auch dadurch erhält, daß es sie in der Gegenwart durchdringt. Der transzendente Logos, der uns in der Vergangenheit erdachte und konstruierte, erdenkt und erhält uns auch in der Gegenwart. Diese These ist nicht nur religiös fundiert, sondern stützt sich auf die Beobachtung, daß die Mediziner oft gut dafür sorgen können, daß – rein biologisch gesprochen – alle Bedürfnisse des Organismus als solchem befriedigt werden, und doch stirbt der Patient. Auf der anderen Seite sollte ein Kranker – physiologisch gesprochen – schon vor Jahren gestorben sein, und doch lebt er und erreicht ein hohes Alter. Die meisten erfahrenen Ärzte hüten sich davor, Prognosen zu stellen, wenn sich das vermeiden läßt, aus dem einfachen Grunde, weil noch andere als die uns bekannten, rein physiologischen Faktoren hinzukommen. Wenn man behauptet, daß wir bereits alles über die Erhaltung des Lebens wissen, und darüber, was den Tod herbeiführt, dann beweist man damit nur seine Unwissenheit. Die Bibel lehrt, daß der Logos das Leben schuf *und erhält* (z. B. Hebr. 1, 3).

Man muß noch einen dritten Punkt berücksichtigen. Die Zelle mit ihrem Informationsspeicher wurde nicht nur ein für allemal erfunden, sondern sie wurde auch heute, in der Gegenwart, in die Materie eingekleidet. Eine Fülle von Anzeichen spricht dafür, daß das hinter dem Leben im allgemeinen und dem menschlichen Leben im besonderen verborgene Konzept nicht nur Vergangenheit und Gegenwart berührt, sondern sich auch auf die Zukunft erstreckt. Das heißt: die Zelle besitzt in dem ihr zugrunde liegenden Konzept eine Vergangenheit, eine Gegenwart und eine Zukunft — besonders die menschliche Zelle.

Der fleischgewordene Logos zeigte, wie man diesen Faktor „Zukunft" berücksichtigen soll. Er verdeutlicht den großen Unterschied zwischen einer bloßen Maschine und der menschlich-biologischen „Maschine". Als der fleischgewordene Logos am Kreuz starb, hörten seine biologischen Prozesse mit Sicherheit auf. Vor seinem Tode jedoch hatte er die Kraft erhalten, den ansonsten irreversiblen Todesprozeß umzukehren, in dem Chemismus und Thermodynamik des Lebens enden. Der Logos verwandte seinen menschlichen Körper, dessen Chemismus und Thermodynamik als Sprungbett dazu, eine neue „Maschine" aufzubauen, die sich nicht auf die Materie allein gründet, sondern auf eine Hybridisierung zwischen Materie und Transzendenz. Diese neue „Maschine" wird „Auferstehungsleib" genannt und besitzt sowohl die Eigenschaften der materiellen als auch die der transzendenten, transmateriellen Dimensionen.

Was uns an dieser Stelle interessiert, ist der Mechanismus, mit dessen Hilfe die Konstruktion der neuen Schöpfung, eines neuen Körpers, eines Auferstehungsleibes, bewältigt wird. Es handelt sich nämlich um eine Transformation in der Zukunft. Sie wurde jedoch in der Vergangenheit ausgearbeitet, als die materielle „biologische Maschine" des Logos selbst in die neue, hybride, „biologische Maschine" transferiert wurde, welche aus der Kombination Materie-Transzendenz besteht. Die gleiche Kraft, die die fleischliche „biologische Maschine" ersann und anschließend konstruierte, wird bei der Realisierung eines neuen „Auferstehungsleibes", diesmal bestehend aus Materie/Transzendenz, zu einer neuen Konzeption und Kreation schreiten.

Wenn man ein Experiment einmal durchgeführt hat, kann man

es zu späteren Zeiten mit Leichtigkeit, so oft man will, wiederholen. So wurde das „Experiment“ einmal angestellt, nämlich bei Tod und Auferstehung des Logos selbst. Er will das Experiment an jenen wiederholen, die sich ihm für diesen Vorgang anvertrauen. Seinen eigenen Worten zufolge ist er zur Zeit nämlich damit beschäftigt, die vielen Wohnstätten zu bereiten, in denen jene ihre Wohnung finden werden, die sich dieser Behandlung unterziehen, wenn die gleiche Kraft, die seinen Leib verwandelte (den Körper des Logos), in uns wirkt, um die gleiche Veränderung zu schaffen (vergl. 1. Kor. 6, 14; Phil. 3, 10 und Joh. 14, 2).

Kurz zusammengefaßt: Die transzendente Kraft des Logos plante die „biologische Maschine“ in der Vergangenheit und kleidet jetzt das gedankliche Konzept in Materie, Fleisch und Blut. Die gleiche Kraft erhält uns heute in der Gegenwart. An jenem Tage in der Zukunft, an dem die gleiche Macht wirksam wird, die den Leib des Logos in einen Auferstehungsleib verwandelte und ihn zu einem Hybriden zwischen Materie und Transzendenz machte, werden unsere Körper die gleichen Veränderungen erfahren und zu Hybriden zwischen Materie und Transzendenz werden.

Das Transformierungskonzept des Logos bekleidete uns zunächst mit Materie, erhält uns heute und wird wieder arbeiten, um ein neues gedankliches Konzept hervorzubringen, das in etwas Prächtigeres als die bloße Materie allein gekleidet ist. An dem Tage, an dem jene Kraft wirksam wird, werden wir es noch besser als heute wissen, daß unser Erlöser Logos lebt, denn wir werden ihn sehen und in sein Bild verwandelt werden, das er trägt. Diese Aussicht macht die biologische Maschine des Menschen zu sehr viel mehr als einer rein chemischen oder mechanischen Maschine.

In der TELOS-Paperbackreihe erscheinen folgende Titel

1001 Oswald Smith
Sieg des Gebets
1002 Wilhelm Busch
Gottes Auserwählte
1003 Douglas Hall
Fackel für die Welt
1004 Wilder Smith
Ist das ein Gott der Liebe?
1005 Fritz Hubmer
Im Horizont leuchtet der Tag
1006 Anny Wienbruch
Alle Geschichten der fröhlichen Familie
1007 Winterfeld-Platen
Und nicht müde werden
1008 Fritz Hubmer
Weltreich und Gottesreich
1009 Elli Kühne
Kraft für zwei
1010 Erich Wilken
Auf den Spuren biblischen Geschehens
1011 Otto Riecker
Herausforderung an die Gemeinde
1012 Watchman Nee
Freiheit für den Geist
1013 Anny Wienbruch
Der Leibarzt des Zaren
1014 Watchman Nee
Zwölf Körbe voll, Bd. 1
1015 Fritz May
Die Drogengesellschaft
1016 Norbert Fehringer
Thema: Frömmigkeit
1017 Fritz May
Der verfälschte Jesus
1018 Ernst Modersohn
Die Frauen des Alten Testaments
1019 Ernst Modersohn
Die Frauen des Neuen Testaments
1021 Ruth Frey
Arbeit unter Kindern
1022 Oswald Smith
Glühende Retterliebe
1023 Oswald Smith
Ausrüstung mit Kraft
1024 Erich Schnepel
Das Werk Jesu in uns und durch uns
1025 Immanuel Sücker
Weltraum, Mensch und Glaube
1026 Anny Wienbruch
Im Schatten der Zaren
1027 Watchman Nee
Zwölf Körbe voll, Bd. 2
1029 Werner Krause
Freuet euch allewege
1030 Hel. Good Brenneman
Und doch nicht vergessen
1031 Anny Wienbruch
Unter dem roten Sonnenschirm
1032 Helmut Ludwig
Die Welt horcht auf
1033 E. J. Christoffel
Aus der Werkstatt eines Missionars
1034 Ruth Dobschiner
Zum Leben erwählt
1035 G. R. Brinke
Jenseitiges und Zukünftiges
1036 Elli Kühne
Da bewegte sich die Stätte
1037 Fritz May
Tatort Erde
1038 Michael Bordeaux
Aida von Leningrad
1039 Alfred Christlieb
Ich freue mich über dein Wort
1041 Lon Woddrum
Liebe hofft immer alles
1042 Horst Marquardt
Die Sprache der Gräber
1043 Werner Krause
Meine Brüder – die Indianer

TELOS-Großdruck-Paperback
2001 Ludwig Hofacker
Unter Gottes Schild

TELOS-Wissenschaftliche Reihe
4001 Wilder Smith
Die Erschaffung des Lebens
4002 Wilder-Smith
Herkunft und Zukunft des Menschen
4003 Wilder-Smith
Gott: Sein oder Nichtsein?

TELOS-Jugendbücher
3501 Heinz Schäfer
Die doppelte Mutprobe
3502 Bernard Palmer
Ted und Terri und der listige Trapper
3503 Bernard Palmer
Ted und Terri und der verrückte Trompeter
3504 Bernard Palmer
Gefährliche Augen im Dschungel
3505 Esther Secretan
Im shop-ville fing es an

TELOS-Geschenkbände
2101 Anny Wienbruch
Das Geheimnis um Zar Alexander

In der TELOS-Taschenbuchreihe erscheinen folgende Titel

2 Dale Rhoton
Die Logik des Glaubens
3 Schmidt-König
Gib acht auf diesen hellen Schein
4 Anna Lawton
Frauen dienen Christus
5 MacDonald
Wahre Jüngerschaft
6 Ernst Modersohn
Sieghaftes Leben
7 John Meldau
Der Messias in beiden Testamenten
8 Jörg Erb
Nichts kann uns scheiden
9 Otto Riecker
Ruf aus Indonesien
10 Anton Schulte
Es gibt einen Weg zu Gott
11 Konrad Zeller
Dorothea Trudel von Männedorf
12 Watchman Nee
Geistliche Realität od Wahnvorstellung
13 Watchman Nee
Der normale Mitarbeiter
Watchman Nee
Sitze, wandle, stehe
15 Baily, Faith Coxe
Auch sie wurden frei
17 Elisabeth Seiler
Berufen und geführt
18 Elisabeth Seiler
Tut seine Wunder kund
19 Elisabeth Seiler
Wunderbar sind seine Wege
20 Wilhelm Gottwaldt
Wissenschaft contra Bibel?
21 Wolfgang Heiner
Fragen der Jugend
22 MacDonald
Gottes Antwort auf Fragen des Menschen
23 Hans Pförtner
Sieg über den Alltag
24 Wilhelm Steinhilber
Einer von den Siebzig
25 W. Ian Thomas
Christus in euch – Dynamik des Lebens
26 Karl-H. Bormuth
Alte Gebote und neue Moral
27 George Verwer
Jesus praktisch erleben
28 Klaus Vollmer
Chance und Krise des Lebens
29 Billy Graham
Allein in der Masse
30 George Verwer
Konfrontiere Menschen mit Christus
31 Hellmuth Frey
Zusammenschluß der Kirchen
32 Wolfgang Heiner
Botschafter Gottes, Bd. 1
33 Wolfgang Heiner
Botschafter Gottes, Bd. 2
35 Heinrich Jochums
Heilsgewißheit
36 Gertrud Volkmar
Vom Glücklichwerden und Glücklichmachen
37 Liesbeth Schrader
Ein Volk, das im Finstern saß
38 Wilhelm Steinhilber
Eine, die nie den Mut verlor
39 Heinrich Kemner
Wir wählen die Hoffnung
40 Wilhelm Gottwaldt
Fehler in der Bibel?
41 Alfred Lechler
Ein Arzt gibt Lebenshilfe
42 Lieselotte Breuer
Jesus – im Detail erlebt
43 Jörg Erb
Dichter und Sänger des Kirchenliedes, Bd. 1
44 Jörg Erb
Dichter und Sänger des Kirchenliedes, Bd. 2
45 James Adair
Fixer finden Jesus
46 J. Oswald Sanders
Geborgenheit u. Wagnis
47 Otto Riecker
Mission oder Tod
48 Heinz-Jochen Schmidt
Hilfe in Glaubensnöten
49 W. Ian Thomas
Tote können nicht sterben
50 Michael Green
Es komme mir keiner mit Tatsachen
52 Karl Weber
Klarer Kurs in wirrer Zeit
53 Heinrich Kemner
Erlebtes und Erfahrenes
54 Jörg Erb
Missionsgestalten
56 Peter Beyerhaus
Bangkok '73
57 Bill Bright
Die letzte Revolution
58 Edith Willies-Nanz
Pelicula
59 Siegfried Wild
Damit die Richtung stimmt

TELOS-Kindertaschenbücher

3001 Anny Wienbruch
Brigitte und die Wunderkiste
3003 J. Mintoft
Seltsame Fracht
3004 Ruth Frey
Das heilende Messer
3005 Ruth Frey
Hör mal, Tante Ruth
3006 Hedwig Andrae
Ein königlich Kind
3007 Hildegard Krug
Die Leuchtraketchen
3008 Anton Schulte
Heinz und Elke Gutermut
3009 Anton Schulte
Familie Gutermut
3010 Anton Schulte
Bei Gutermuts ist immer was los

Miss. TELOS-Sonderausgabe

S 800 Das kleine weiße Buch
S 801 Billy Graham
Stunde der Entscheidung